AF713196

INCOMPRENSIÓN Y DESTINO

INCOMPRENSIÓN
Y
DESTINO

Carlos Blanco

ARS POETICA

Carlos Blanco

INCOMPRENSIÓN Y DESTINO

Un viaje al límite
del entendimiento

colección
| Ars Nova |

ARS POETICA
boutique de poesía

Incomprensión y destino
Carlos Blanco

Colección:
Ars Nova

Dirección editorial:
Ilia Galán

Diseño y maquetación:
EЯA | ALTA RESOLUCIÓN EDITORIAL

AP

© 2025 Carlos Blanco
© 2025 ARS POETICA

EntreAcacias, S.L.
[Sociedad editora]
c/Covadonga, 8
33002 Oviedo - Asturias (ESPAÑA)
info@arspoetica.es | pedidos@arspoetica.es

1ª edición: junio, 2025

ISBN: 978-84-18536-78-6
Depósito Legal: AS 00484-2025

Impreso en España/*Printed in Spain*
Impreso por Podiprint

Todos los derechos reservados.

Cualquier forma de reproducción, distribución, comunicación pública o transformación de esta obra solo puede ser realizada con la autorización de sus titulares, salvo excepción prevista por la ley. Diríjase a CEDRO (Centro Español de Derechos Reprográficos, www.cedro.org) si necesita fotocopiar o escanear algún fragmento de esta obra.

A mi querido sobrino Liam Blanco Cobb,
fuente de luz, esperanza y alegría.

I. LA AURORA DE LA INCERTIDUMBRE, 13
II. EL OCASO DEL SENTIDO, 55
III. LA CADENA DE LA NECESIDAD, 73
IV. LA NUEVA SABIDURÍA, 99
V. LA LUZ EN LA NOCHE, 117
VI. LA CONCIENCIA DEL FUTURO, 145
VII. EL MAÑANA INFINITO, 181

I. La aurora de la incertidumbre

1.

Cuanto más crees comprender, menos comprendes. Cuanto más crees saber, más sabes que ignoras. Pero tú sigues sin comprender por qué no comprendes, y sin saber por qué no sabes.

Perdido en lo infinito, esta paradoja te cerca con sus redes intangibles.

Una dolorosa oscuridad se apodera de ti. Es una agonía demasiado grande para un cuerpo tan pequeño. Es el ala insondable del pensamiento humano, abierta a lo ilimitado y atrapada en lo limitado.

Te devora una nada súbita que, agitada como un inesperado torbellino, emerge de los confines del alma y socava los fundamentos de la voluntad, antes robustos.

Todo lo que has hecho y todo lo que has percibido te parece insignificante. Nada llena tu corazón. Nada te ayuda a admirar la belleza de este mundo.

Es el amanecer del nihilismo, la aurora de lo trágico. Es el ocaso de la confianza en el ser, en la razón y en la vida.

Porque siempre has soñado con comprenderlo todo, con agotar el universo en el espacio de tu conciencia, con someter la vastedad de lo cognoscible a la omnipotencia de tu deseo, como si tu rostro reflejase toda la luz que puede irradiar el cosmos.

Te sientes insatisfecho si no comprendes algo, si no penetras hasta el núcleo más profundo, si no disecciones la diversidad de lo real e identificas los principios constitutivos, el fundamento que sostiene la variedad. Anhelas subsumir lo diferente en lo unitario. Eres esclavo de la razón. Sirves devotamente a ese resplandor que te guía por el mundo. La ciega necesidad de la lógica subyuga tu voluntad, y su ausencia te desagarra, pues no comprendes lo que sólo intuyes. Quieres pasar de un punto a otro, de un estado a otro, según la fuerza de lo discursivo, cuya solidez te transporta indefectiblemente de la premisa a la consecuencia y te abre a una verdad más poderosa que la duda.

Alumbrar todas las cosas con el faro del entendimiento: he aquí el sueño que ha secuestrado tu espíritu. La mente se regocija en la claridad, y tú quieres iluminar el mundo con la mente, destello divino.

Te nubla el amor por lo inteligible. Venda tus ojos ante el desbordamiento, ante la sagrada desmesura de lo posible, ante el desafío que siempre supera nuestra comprensión, pues hunde sus raíces en la inmediatez del sentimiento.

Pretendes convertir lo grande en pequeño, el flujo en reposo, el frenesí en inmutabilidad, pero ahí sigue la vida, impertérrita; ahí sigue el enigma, centelleante y puro; ahí sigue lo que rebasa la delgada copa de nuestro entendimiento.

2.

De repente, una sensación de vacío se adueña de ti. Tu vigor se apaga. ¿Qué harás ahora? ¿Quién puede entender lo que tú buscas, sino un dios que aún no existe?

Una sola noche, un solo día, incluso un solo instante, y una nube oscura te envuelve súbitamente, te atrapa, te zarandea, te cierra sobre ti mismo. Albas y ocasos conspiran para abatirte aún más en ese pozo profundo y aterrador.

Ya no puedes ver el mundo con mirada pura. Ya no te consuela contemplar el brillo de la civilización. Permaneces ciego ante la belleza. Una masa gris y amorfa inocula desesperanza en tu corazón, que naufraga en medio de un océano infinitamente grande. Ya no hay claridad en tu interior.

Es la llamada de la apatía, que golpea sin clemencia las puertas de tu ser. Un cirujano inmisericorde extirpa de tu alma todo vestigio de pasión. Ya no resplandece en ti esa alegría volcada al futuro que antes te llenaba de entusiasmo. Ahora languidece tu fe en el hombre, ahora sólo impera el sutil eco del nihilismo.

Qué fácil es destruir la pasión y qué difícil es crearla. Sabemos cortar su raíz, pero no plantar su semilla. Esa sensación de vacío cósmico anega tu espíritu y lo despoja del hermoso hálito de la pasión. Lo que antes exhalaba un aroma eterno sucumbe ahora al desencanto y al olvido.

Ignoras cómo restaurar las pasiones desvanecidas. Querrías alumbrar una pasión nueva, capaz de enardecer tu vida. Querrías penetrar sin miedo en la fuente de toda pasión, allí donde nace la chispa creadora, allí donde el agua, la luz y el fuego se dan la mano. El agua creadora irrigaría tu espíritu, la luz de lo nuevo sanaría tu tristeza y el fuego del entusiasmo te elevaría a alturas insondables.

Veneras el misterio del origen, ante el que se estremece el anhelo humano de conocimiento.

Buscas el sentido de la existencia, e intuyes que reside en la pasión, en el deseo, en el impulso que nos mueve hacia el reino inexplorado del mañana, pero ¿cómo recuperar lo que has perdido? ¿Cómo hacer que renazca la pasión, sin cuya fuerza la vida cede al abismo?

3.

Un fuego indescifrable llamea en tu mirada. Es el ardor de un deseo demasiado profundo, cuya fuerza abrasa tu entero ser.

Universalidad, tú buscas universalidad, pero sólo encuentras parcialidad; anhelas necesidad, mas sólo hallas contingencia.

Te sientes devastado. Todo tu esfuerzo de comprensión solo conduce a más incomprensión. No hay misericordia en este destino.

Quieres comprender, pero ¿comprender el qué? ¿Qué más deseas comprender? ¿Para qué comprender en realidad? ¿Para qué bucear en las fuentes recónditas de este afán indoblegable, que es manantial de vida?

¿Y si la incomprensión fuera tu verdadera patria?

¿Y si te encaminaras hacia lo inexorable?

¿Y si las entrañas de tu ser se hundieran en el oscuro abismo de la diferencia y nunca reposasen sobre la llanura luminosa de la identidad?

¿Y si nacieras, vivieras y murieras para no comprender, y así ampliar el horizonte de nuestra incomprensión, que siempre ha de expandirse?

¿Y si tu inefable voluntad de comprensión no fuera capaz de descifrar el alma de la finitud humana, palimpsesto de experiencias sin designio?

¿Y si todo lo que has hecho sólo contribuyera a apuntalar la nada, a fortalecer el vacío, a arrojarnos hacia lo que no puede explicarse?

Porque esa verdad aquilatada que buscas no es tu destino, sino el de la humanidad. No asumas una carga que no te pertenece. Compártela con todos.

4.

Nos adentramos en el misterio de la vida con esperanza juvenil, con ansia de luz y comprensión, sin percatarnos de que somos parte de un gigantesco drama, del mayor drama imaginado.

En él, el alma ha de hundirse y elevarse sin cesar, porque su destino es fluir, fluir hacia lo ignoto.

Ubicua y solitaria es la sombra del destino. Sólo quienes aman la luz sienten su ausencia, y al hacerlo perciben esa sombra, esa prolongación indefinida de un futuro que arrastra con fuerza el pasado, fundiéndose con el todo en el crisol del presente.

Pero ¿no es más bella la luz cuando se halla rodeada de oscuridad, y su poder nos salva de fuerzas hostiles?

Luz y sombra es el destino para todos los que buscan. Poderoso es su reflejo, y posa sus alas invisibles en el hogar del espíritu.

5.

Inmensidades que te sobrepasan, profundidades que te aterran, mas ¿dónde estás tú, sino en el centro, en la encrucijada de esta vorágine de mundos?

¿No eres alba y crepúsculo, amanecer posible y destino inexorable?

Te creías invulnerable ante el frenesí que todo lo domina, ante el flujo que todo lo crea, transforma y destruye, ante el anhelo irredento que no deja de proyectarse a nuevos mundos.

Pero amas la pregunta más que la respuesta, pues en ella vislumbras un mañana inviolado, un horizonte perpetuo de búsqueda y creación.

¿Por qué? Porque eres una pregunta abierta, una pregunta viva, una pregunta que vaga tras su íntimo sentido.

Eres búsqueda y creación; y hemos nacido no para sufrir, sino para buscar y crear.

Y ¿qué buscas, sino la posibilidad originaria, de la que se derivan las restantes; la fuente y la matriz de todo lo que contemplamos y de todo lo que podemos contemplar?

Buscas la sabiduría más profunda de todos los tiempos, la luz más bella y el tesoro más grande. Buscas lo incondicionado.

6.

¡Oh vastedad de vastedades, siempre más grande que todo lo que alcanzamos a imaginar!

En este universo de espacios que se dilatan y singularidades impenetrables, ¿adónde quieres llegar, hijo de la angustia?

Con el ala herida de la sensibilidad te afanas en mirar al cielo en busca de respuestas, pero de allí sólo emana tristeza, honda tristeza ante un infinito que jamás comprenderás.

Pues ¿quién conocerá nunca el poder de la magna e inescrutable naturaleza? ¿Quién descubrirá la fuente de su sentido? ¿Quién acariciará su verdad?

Tu sensibilidad es demasiado pura. Sólo una verdad nueva calmaría tu sed de sabiduría y amor.

Sólo la nueva aurora que se crea a sí misma te devolvería la fe en un destino, en el destino de quien se siente convocado a romper las cadenas de la necesidad.

Con su delicada antorcha, recorrerías sin miedo los caminos de este mundo e iluminarías con tu entusiasmo todo lo que permanece oscuro y marchito.

Con su impulso, sobrevolarías las cúspides del saber lleno de serenidad y confianza, y saltarías de cumbre en cumbre por los dominios de la ciencia y de la belleza

El alba de la comprensión despuntaría suavemente, disipando la noche de la ignorancia e inundado de claridad las esquivas sendas del destino.

Con gozo y audacia, tu espíritu se desprendería de todo temor a su propia creatividad y elevaría el mundo a cimas nuevas, bañadas de armonía y dulzura.

Fusión de sensibilidad y entendimiento prefigurada en tu propia vida, en la aguda e íntima dialéctica a la que se enfrenta tu subjetividad, tu ser inacabado. Pues aspiras a sentir para entender, y a entender para sentir algo aún más profundo.

Pero antes has de vencer tu crepúsculo. Has de vencerte a ti mismo, para forjar algo bello y grande, algo que haga temblar al mismo cielo.

7.

Desde las esbeltas cimas de tu anhelo, ¿no sueñas con tallar la efigie del devenir?

Buscas un devenir puro y revelador, un devenir saciado de fuerza creadora, donde las más altas y poderosas aspiraciones del hombre no teman mirar cara a cara a su destino.

Oculto entre el amor y el deseo, es en ti donde yace tu destino: en la necesidad de crearte a ti mismo con valentía.

Tu destino es tu llamada a engendrar un horizonte nuevo, mientras dure el tiempo de la humanidad.

Ahora, sin embargo, todo lo que has vivido y experimentado se funde al calor de tu soledad. Tu abismo se convierte en un sendero necesario hacia lo desconocido. Sublime descenso a las entrañas de lo que aún no existe, pero debe existir; sagrada inmersión en la arcana fuente de un misterio que clama por ser iluminado con la luz del espíritu.

Lo contemplas intermitentemente, porque no puedes soportar semejante vacío y semejante hondura.

¿Cuándo aprenderás que tú también eres vacío, noble y destellante receptáculo de lo que puede y debe ser creado?

8.

Has corrido tras las sombras de este mundo cuando todo era noche. Has buscado lo que temías, y has encontrado lo que amabas, elevándote sobre lo conocido.

Bajo la inmensidad del cielo sólo te alumbra tu propia conciencia. En esta hora, todo es confusión y desdicha. Todo un mundo se desvanece como bruma matinal, como espuma en la roca, como espejismo en el desierto. Qué lejanas parecen las estrellas que iluminan al resto de los hombres.

A ti acuden hoy figuras enigmáticas. Son las vagas imágenes de una felicidad pasada.

Tu mirada lánguida suspira por perderse en la grandeza del mar. ¿Qué ha sido de ti, que te creías destinado a acariciar todos los destellos de la plenitud?

¿No aspirabas a una síntesis entre todos los reinos de la naturaleza y del espíritu? ¿No querías sobrevolar con alas de oro este mundo envejecido, hasta el sol de la eterna novedad? ¿No anhelabas recorrer todos los enclaves de la tierra y del alma hasta probar el dulce fruto de un saber perenne?

¿Dónde late ahora tu fuerza, tu soplo divino? ¿Cómo has podido caer en estas simas de silencio e incomprensión?

¿Qué temes, sino a ti mismo y el desenlace de tu búsqueda? ¿Acaso te asusta encontrar lo que siempre has ansiado? ¿Temes despojarte de lo que ya no deseas, y abrir tu alma a un horizonte que te rete por completo?

¿No ha de brotar de ti la esperanza en una alegría futura y beatífica, cuyos manantiales inunden de amor y claridad el excelso cáliz de tu espíritu, sediento de verdad y desafío?

Pues nada hay tan bello y conmovedor como sembrar esperanza en el corazón humano. Su luz es serena, es pura, es inmortal, y sacia todo anhelo. Ella sola llena los vacíos del espíritu humano. Hasta los confines del mundo llegaría la voz de una esperanza sincera.

9.

Mi yo se multiplica infinitamente, y se esconde en el misterio. Todo es tan profundo que ofusca el brillo de la razón.

El torrente de mi imaginación desbordaría cualquier océano, como si todos los casquetes polares se derritieran al unísono.

Hondo es mi anhelo de vida. Alta es la esperanza que nutre mi espíritu. Luminosa es mi soledad, cual astro que resplandece en su silencio y bendice con su fulgor los espacios oscuros.

Pero ¿qué dice ahora la voz de mi soledad, lago en el que vierten sus aguas los más profundos deseos? ¿No sientes, alma mía, que un temblor cósmico sacude los pilares de tu voluntad?

Pues tus deseos no han sido satisfechos. Todo el saber y toda la belleza del mundo te han traicionado de manera flagrante, a ti que buscas la sustancia más allá de los accidentes, el núcleo y no los efluvios caprichosos del néctar primordial.

Un santuario robusto, una luz imbatible, oasis de permanencia sobre toda veleidad, manantial ignoto de un grial auténtico, es lo que busca tu corazón.

Buscas el alma de la plenitud, en cuya pujante y amorosa claridad quieres penetrar sin temor ni nostalgia. Porque tu voluntad de alcanzar esa cima inconstante que es la felicidad persiste intacta. Nunca es tarde para ser feliz, pero nunca sabemos qué basta para ser feliz.

10.

Como una cumbre solitaria es tu alma. Recibe las embestidas de innumerables vientos.

Desolada y desnuda, toda la furia de lo desconocido choca contra ella, pero sólo los valores más elevados podrían transformarla. Pues vive para lo alto, y sólo lo alto la conmueve.

Rígida y serena, vence las convulsiones de un mundo que es alteración, porque aun en lo mutable discierne permanencia.

Como un lago es tu alma, bondad que acoge todo lo que es noble y profundo. La pureza de sus aguas santificaría todo dolor.

Como un canto puro es tu alma. Su música es demasiado bella incluso para los dioses, porque siente como ningún dios sabe sentir; siente como sólo un hombre sabe sentir.

Su destino es el universo, y está hecho de amor. Luz y vida quiere esparcir por el oscuro espacio, para que resuciten los sueños olvidados, y reverdezcan colinas alfombradas con la nostalgia de flores caídas.

Sí, como un canto puro que da para recibir, y que da porque recibe; dar y recibir belleza, dar y recibir sabiduría, dar y recibir amor, en el eterno ciclo de una verdad creadora. La generosidad es más hermosa que el egoísmo, porque brota del amor, y todo lo que el amor produce prefigura una belleza posible.

Hay demasiada pasión en ese canto. Un espíritu inmortal lo anima. Una luz demasiado hermosa lo recorre, y ella compone su alma. Hay demasiado amor en un canto que busca derrotar todos los silencios y proclamar las esperanzas más altas, bendiciendo la morada del espíritu con el más dulce de los perfumes.

11.

¿A cuánta belleza puede ser expuesto el hombre? ¿Cuánta grandeza puede soportar un alma finita?

Has llegado a pensar que la belleza es infinita. No puedes concebir su término. Pero ¿y si es finita? ¿Y si ese límite existe, aunque tu imaginación no pueda representarlo? ¿Acaso imaginas la velocidad máxima de un objeto físico, cantidad finita que se erige en pilar de nuestra visión del universo?

¿Y si el saber y la belleza, vástagos del mundo, fueran ambos finitos, como finito es el mundo?

¿Derramarías lágrimas ante un horizonte de finitud pura? ¿No aprenderías a amar la finitud como regalo de los dioses, como cumbre aún más alta y como abismo aún más profundo que una infinitud desbocada?

12.

Maravillados por el poder de la mente humana, nos intuimos infinitamente libres.

Hijos gozosos de la imaginación, fuerza que siente la pulsión de lo ilimitado en cada una de sus manifestaciones, sembramos en el ancho espacio del alma el ideal de una belleza llamada a la eternidad, cuya copa resplandece sobre cumbres níveas.

Pretendemos construir nuestra morada en el reino de la imaginación, fortificados frente a las despiadadas embestidas del cinismo. En ese templo santo, los lirios florecen en medio del desierto y los pájaros cantan aun en la tempestad.

Sin embargo, la realidad siempre desafía el pensamiento. La bienaventuranza de la imaginación, la alegría infinita que amanece en el canto puro del alma, se hunde en el abismo de una realidad que nunca se apiada de nuestros deseos.

Ahogada por la evidencia, esclava de la fatalidad, el alma creadora arde como una llama solitaria bajo el profundo silencio de la noche, anhelosa de una nueva aurora que sepa comprenderla.

13.

Deja de creer que todo fruto de tu imaginación ingresará algún día en el dominio de lo real. No siempre nos es dado franquear la barrera entre lo posible y su materialización. No siempre el poder se impone sobre el ser.

La imaginación ha de estar siempre por delante de la realidad, como vanguardia de una mente lanzada al vacío. No existiría la imaginación si todos sus productos desembocaran necesariamente en la rigidez de lo real. La imaginación debe ser libre, y por tanto ajena en parte a la naturaleza misma de lo real.

No confundas imaginación con realidad. Sé un hombre. No aspires a ser Dios.

No puedes vencer tu finitud; tan sólo soñar con ello. Pero incluso el sueño adolece de finitud. Nunca acariciarás un infinito que quizá no exista.

Tu único consuelo reside en saberte infinito en tu finitud, en amo y no en esclavo del límite.

14.

Mira al cielo, sublime y resplandeciente, mas falto de palabras. Escóndete de esa luz mortecina que te causa dolor y tristeza. Deja espacio en tu alma para la sorpresa.

Una infinidad de anhelos ha surcado tu corazón. Ninguno te ha conquistado, pues desfilaban como perseidas efímeras que se diluían en cuanto arribaban a ti, hervidero de reminiscencias que no conducían a ninguna parte.

¿No querías conocerlo todo y sentirlo todo? ¿No añorabas oídos tan puros como para escuchar la música de las esferas, eterna y embriagadora?

¿Dónde se esconden ahora tus ansias desmedidas de felicidad?

¿Acaso no has sucumbido al hechizo de lo infinito, solo ante la inmensidad del mundo?

¿Cuándo empezarás a amar la finitud como recapitulación de un infinito? ¿Cuándo aprenderás a amar el tiempo deparado al hombre?

15.

Asciendes y desciendes sin descanso, persiguiendo la belleza pura, cuya antesala es la sencillez, la transparencia que no oculta la verdad.

Has recorrido incontables lugares en busca de la joya más preciada a la que puede aspirar un hombre: la belleza auténtica.

Antes de iniciar tu aventura, antes de surcar océanos y de transitar por sendas cuyo nombre nadie conocía, preguntaste a los sabios de tu país por la naturaleza genuina de la belleza.

Ninguno pudo responderte con convicción. Te ofrecieron ejemplos concretos, manifestaciones específicas unánimemente consideradas bellas, pero no fueron capaces de esclarecer el verdadero ser de la belleza. El espíritu de lo bello siguió siendo esquivo.

Aun así, cuanto más sentías que ignorabas, más sentías que debías buscar. Ya fuera a la luz del sol o bajo el misticismo del cielo estrellado, no cejaste en tu empeño de escrutar el misterio de la belleza.

Fue tu amor por lo bello lo que inspiró tu búsqueda. Fue esta pasión, este eco de lo inefable en el corazón humano, lo que te lanzó a explorar el alma de la hermosura.

Pronto advertiste que la belleza verdadera no se encuentra en ningún lugar. Esquiva y fascinante, como una chispa efímera y poderosa, sólo se revela al alma dispuesta a contemplarla.

Es en el interior de quien sabe apreciar un valor que trasciende los límites de cualquier objeto donde destella la intuición de lo bello, irreductible a conceptos y palabras. Vaporosa e indefinida, es por ello libre.

Porque la belleza sigue una lógica, pero también la desborda. De ahí nace su fuerza.

Te percataste, así pues, de que la belleza verdadera es la belleza libre, la belleza que no cede ante el límite, sino que lo supera.

Una belleza libre es una belleza simple, profunda, armoniosa; es libre porque no necesita lo superfluo.

Una belleza libre es una belleza que no se agota en el ideal, sino que siempre podría sorprendernos.

Es entonces una belleza creadora, una belleza que no deja de sembrar en la mente nuevos motivos de inspiración, nuevos horizontes, nuevos reflejos de un cielo de plenitud y libertad.

Una belleza libre es un faro que podría orientarnos aun en la noche, una luz que podría iluminarnos cuando la oscuridad parece dominar el mundo, y el ansia de crear y de entregar se desvanece como una esperanza confusa.

Una belleza libre nos enseña a amar y a comprender, porque nos muestra una cumbre siempre más alta que todos nuestros sueños, y un espacio siempre más grande que todas nuestras categorías.

Una belleza libre es un paraíso al que siempre podríamos tender, pero sin nunca conquistarlo.

Naveguemos, pues, hermanos míos, hacia lo que es libre, hacia lo que es puro, hacia lo que es inmenso y jamás se marchita.

16.

Con la fuerza de un mismo espíritu quieres elevarte al más bello de los cielos y hundirte en el más oscuro de los abismos.

Intuyes el ideal atrapado en la cárcel de la contingencia, pero tu alma sigue herida, profundamente herida. La atraviesa un río de imágenes brumosas y de conceptos oscuros.

Querrías diluir tu angustia en el espacio insondable, pero algo la retiene dentro de ti. Aposentada en tu corazón, te impide avanzar.

Angustia inhumana que te posee, te esclaviza, te anula. Te deslumbra ese inmenso vacío que parece anhelar un nuevo mundo de palabras, un sentido que lo llene y transfigure.

Es el clamor por la brisa vivificante del espíritu. Su vigor aletea ya en las entrañas mismas de la naturaleza, en la lógica que enhebra su pulso con un orden inviolable y majestuoso, capaz de encender la llama de la novedad en medio de la reiteración cíclica de la materia.

¿El mundo? Abismo de abismos y cielo de cielos; pequeño y grandioso, sombrío y claro, ínfimo y vasto; éxtasis de evocaciones que nos proyecta a la esfera de lo desconocido.

Así es también el proceloso espíritu, prolongación del mundo y contradicción volcada al futuro.

Así es todo lo que nos rodea.

17.

Abandona ya tu ensimismamiento introspectivo, tu reclusión sistemática en aquello que crees entender, pero que en realidad no te pertenece y te desborda, pues no deja de autotrascenderse, como posibilidad inextinguible y de hondura infinita.

¿Qué eres? ¿Quién eres? ¿Para qué eres?

Eres tú mismo y no lo eres.

Eres mismidad que se niega sin descanso, furor de furores, rueda que no cesa de girar, y que cuando se cree negada, vuelve a afirmarse; móvil perpetuo inmerso en el ciclo inacabado de las negaciones y las afirmaciones, fractal que se reitera infinitamente, secuencia perenne, metáfora de lo eterno, pureza de lo que sólo deviene y nunca se conforma con ser.

Eres desmesura.

Y esa desmesura, ese fundamento tuyo inagotable, abre el cáliz de una flor que revela la esencia indómita del mundo, la verdad de un mundo que es siempre lo que no es, pues es futuro y posibilidad.

18.

Con la audacia del intelecto ansías profanar la esencia última del cosmos, ávido de robarle sus secretos mejor guardados.

Mas primero has de desasirte de ti mismo. Debes bucear en un fondo de destellos enajenadores, allí donde sólo brille una voluntad pura.

Primero has de sumergirte en ideas profundas, para luego emerger lleno de luz y claridad.

Puedes hundirte en los abismos porque no los temes. Pues quieres conocerlo todo, también lo oscuro, y es en tu amor por la profundidad donde radica tu poder.

Un espíritu noble no solo ilumina el mundo desde lo alto: también desde lo profundo lanza luz. En la amplitud de su mente, abajo y arriba no son términos opuestos, sino complementarios.

19.

Buscas sin cesar, encarnas búsqueda y vives como personificación de la búsqueda.

Tu destino es ser búsqueda, pero sufres por ello. Sufres el yugo de lo indescriptible, sin poder abandonar tu condición de búsqueda humanizada. Sufres porque no te conformas con lo dado.

No dejas de preguntarte para qué buscas. ¿Qué esperas encontrar tras esta epopeya que te zarandea sin clemencia por el éter de lo incierto? ¿Qué puede depararte el proceloso mar por cuyas aguas navega el espíritu humano?

Buscas una palabra tan bella y profunda que haga resplandecer la gloria de un corazón puro.

Sólo un espíritu infinito calmaría tu sed.

Sólo sus rayos te consagrarían con la hermosura de su luz, reflejo de anhelos divinos.

¿No suspirarías por volar junto a esos astros recónditos que parecen esconder todos los secretos del universo, el alma de un espacio tapizado de enigmas?

¿No surcarías todas las alturas con la elegancia y la solemnidad de un águila, tan sublime que parece suavizar el cielo a su paso, tan libre que, soberana de simplicidad y armonía, todo lo otea desde una perspectiva superior?

¿No bucearías en todos los océanos del cosmos para llenar tu sensibilidad con las delicias de flamantes experiencias?

¿No sueñas con las maravillas que aún te aguardan en remotos enclaves, rocío melodioso que brota de los pechos ocultos de una naturaleza creadora?

¿No deseas descubrir también hoy nuevos rostros de la libertad, don inagotable?

20.

Qué difícil es comunicar la interioridad, el ámbito del sentimiento. Es un reino demasiado misterioso y perfilado en tu mundo.

Qué difícil es traducir la esencia intransferible de tu lenguaje, el alma de tu vivir íntimo, esa galaxia de formas y evocaciones que no se circunscribe a la existencia concreta, pues la renueva y reinterpreta continuamente.

Siempre irrumpen la sequía de emociones y el hambre de palabras ante la dulzura de ese canto que te sobrecoge por su limpidez, o ante la claridad de esa idea que se hunde en el desfiladero de tu ser para inundarlo de luz y sentido, o ante la belleza de esa visión que te anuncia un nuevo cielo de posibilidades.

Universo infinito, imponderable: expresa tú lo que yo no puedo transmitir, el ser de lo que es y el no ser de lo que no es, esa luz profundamente bella que me esquiva y atrae al unísono.

Ayúdame a sentir el beso imperecedero de la verdad, que todo lo purifica.

Revélame lo que yo busco. Anega con la luz de todas las estrellas este espíritu que sólo ansía saber y desadormecerse de cualquier sueño vano.

Mas ¿no es la búsqueda la mayor de las revelaciones? ¿No es esta ausencia de respuestas lo que me llena de vida y fervor? ¿No es en las regiones más recónditas donde despunta la luz más bella y pujante, regalo para quien anhela un infinito hecho de amor?

El calor de ese infinito, de ese amor ilimitado, ¿no secaría todos los mares y derretiría todas las montañas? Con su luz, reflejo de lo eterno, ¿no brillarían todos los astros ahora escondidos?

21.

Empatía celestial: yo te deseo, te persigo, te necesito. ¡Bendíceme con los rayos de tu luminosidad, presagio de plenitud!

Ahora que languidece mi imaginación en el ocaso de las intuiciones es cuando más suspiro por ti y por el amparo de tu claridad.

Pues yo busco un corazón de luz y oro, que bombee la sangre más pura a quienes hayan perdido toda esperanza.

¿Qué más quieres de mí? ¿No estás satisfecha con lo que ya te he dado?

¿No te he ofrecido mi vida, mi voluntad, mis ilusiones, la totalidad de lo que soy y de lo que puedo ser?

¿Qué más puede hacer un hombre para complacer a una idea?

22.

Basta. Termina ya de dar forma a este caos punzante que se cierne sobre mí.

Derrama tu fragancia mística desde ese celaje genesíaco en el que borbotean lágrimas celestiales, el verdadero llanto de los dioses, el poema declamado a tus inmensidades silentes, el renacimiento de una pasión que nunca muere.

Restituye hoy mi inocencia. Bendíceme con las luces premonitorias de una nueva inspiración.

Enséñame a amar las estrellas de la noche y del día. Enséñame el auténtico lenguaje de un alma noble.

23.

Eterna primavera. Fuerza incandescente que brilla, como el sol, a lo largo y ancho del mundo, sin que en ningún momento quede un lugar en la tierra despojado de su luz, de su belleza angélica.

Anhelo incesante que trasciende miradas cansadas y labios taciturnos. Voz inextinguible que se proyecta a lo recóndito.

Síntesis de luz y oscuridad que evoca los presagios más profundos de un alma enamorada de la verdad: revélame tu rostro de orden, vigor y claridad, riachuelo de mi devoción.

Lo que ahora no comprendo y me aterra ha de ceder ante la luz, ante el aplomo sobrenatural de la luz.

24.

Toda mi vida he buscado la fuente del existir auténtico, la morada de la plenitud, la fusión espiritual con ideales infinitos. Toda mi vida he buscado la luz más pura que puede nacer en el universo.

Pues no hay nada más hermoso que iluminar, que aprender y descubrir; que rasgar el velo de todos los misterios.

No hay nada más noble que disipar las brumas de todo temor y alumbrar este mundo oscuro con el fulgor de una verdad libre y creadora; de una *afirmación* que nos haga avanzar hacia lo inagotable.

Cada ser humano da un nuevo sentido posible a la humanidad. Encarna una identidad irrepetible, una identidad que es también diferencia, un impulso inédito en las corrientes de la vida y de la historia.

Esta pluralidad es santa; brilla como un astro resplandeciente sobre la inmensidad del mundo, llenándolo de fervor y sugerencia.

Y yo me siento llamado a esta tarea heroica, a este ímpetu devorador que me zarandea de un espacio cósmico a otro y me invita a vislumbrar la variedad infinita de lo posible, la reconciliación plena entre identidad y diferencia, la respuesta al eterno enigma de la vida, que es la búsqueda creadora.

25.

Ideas y más ideas, retoños de la tierra y del cielo. Ideas que levitan solas. Escapan a tu poder. Adquieren vida propia.

Nostalgia infinita de quien siente el universo fugándose de sus manos.

Melodiosa policromía de sensaciones, como finas pinceladas impresionistas que captan la esencia de los paisajes del espíritu humano.

¿No era ese tu deseo? ¿No querías insuflar el hálito sagrado de la vida en una idea, en la espléndida y duradera manifestación de un pensamiento profundo, ventana a lo universal?

26.

Las noches que se desvanecen, los días que no vuelven, los recuerdos que se apagan, los arroyos que dejan de fluir, las nieves que se derriten, los océanos que se secan, los vacíos que se imponen sobre la faz del mundo...

Todo te llena de una melancolía profunda, de una melancolía sagrada, porque todo es materia para el recuerdo, todo evoca los gozosos resplandores de la juventud, y sólo se recuerda lo que ya no existe, lo que ha sucumbido al tiempo y a sus poderes ancestrales.

La falta de existencia es lo que te atemoriza. Te hunde en ese pozo oscuro del que casi nada escapa.

La añoranza es lo que se enseñorea de ti. Te impide ser tú mismo. Te impide afirmarte, y te usurpa el vigor de la vida, que es santo, que es noble, que es bello.

Pues sólo vive en libertad quien se sobrepone a pasados, presentes y futuros; quien mira con respeto a lo vivido, con amor a lo que vive y con confianza a lo que ha de vivir, sin caer preso de la nostalgia, el tedio o la inquietud.

Sólo es libre quien vence la noche de la nostalgia y se lanza a la aurora de lo incierto, porque conoce el pasado y contempla sin miedo el futuro.

Sólo es libre quien vive por encima de su anhelo; quien anhela para vivir de una manera más profunda, no para aplastar la fuerza de la vida con el peso del deseo.

El anhelo debe invitarnos a vivir, no oprimirnos en el sinvivir. Gobernar el deseo para desear profundamente, con la libertad de un espíritu que siente su verdadera pujanza en este instante y en este espacio, es el reto de una vida auténtica, que no teme el deseo, pues en él descubre un puente entre mundos y posibilidades.

No condenemos el deseo, arquitecto del espíritu. Quien condena el deseo condena la naturaleza humana, y condena la posibilidad de superar la naturaleza humana, tejida de deseos y de aspiraciones a elevar esos deseos con deseos aún más puros. Pero algunos aborrecen la naturaleza porque se aborrecen a sí mismos.

Condenar el deseo es adormecer el alma. Los que pretenden erradicar el deseo niegan al hombre su libertad, su derecho, su espíritu. Pues no se trata de suprimir el deseo, sino de orientarlo sabiamente. Desear es bueno, es profundamente humano; no desear es lo que hacen las piedras. Enriquezcamos el espíritu con hermosos anhelos y nobles esperanzas; seamos en verdad libres, libres y creadores, y no temamos el deseo, sino su ausencia.

Esforcémonos mejor, hermanos míos, en adueñarnos del tiempo, para no rendirnos ante él y, encumbrados a cimas de belleza y deleite, tallar lentamente nuestro destino.

Que todo lo que salga de nuestra boca ayude al hombre a crear su verdadero horizonte.

Obremos el milagro: que una naturaleza ciega y sorda vea y hable a través de la humanidad.

Así, el espíritu imperaría sobre la naturaleza, y la cultura doblegaría el ciego impulso, la energía primordial. A lomos de un león dorado, surcaríamos todos los reinos de la creación con la serenidad de dioses.

27.

Lo que no has vivido, nada te lo restituirá, lo que no has experimentado, nada te lo mostrará, lo que no has entendido, nada te lo revelará.

Por la corriente de lo irrecuperable se desliza la existencia humana, y lo que consideramos ganancia se vuelve siempre pérdida.

Lo que brota dulcemente en lo alto se desliza por las laderas del olvido, cual arroyo que se disuelve en la espesura.

Entonces nos percatamos de las sombrías evocaciones que vagan en lo remoto. Entonces se desvanece la luz de la vida, la claridad del mundo, y todo se llena de ocaso.

Bienaventurado el que no se deja arrastrar por lo efímero, por lo pasajero, por lo contingente.

Bienaventurado el que entrega su alma a bienes que son inmensos, a bienes que brillan aun en la oscuridad, pues proyectan la naturaleza humana a un destino superior.

Bienaventurado el que no vive para sí mismo, el que no reserva sus lágrimas para sí, sino para algo más grande y noble, destino de toda libertad creadora.

28.

Me atormenta pensar que todo sea absurdo: amor absurdo, saber absurdo, vivir absurdo, belleza absurda. Un absurdo cósmico que todo lo atrape; un absurdo enclavado en todos los espacios de la mente y de la sensibilidad.

Envuelto en la tribulación de mis noches de insomnio, sueño con ese absurdo omnímodo que todo lo devora y sumerge en la irracionalidad.

Mi voluntad ha de imperar sobre el absurdo. Ha de condicionar el absurdo. Ha de convertir el desasosiego en anhelo creador.

Mi deseo no puede ser absurdo. Yo siento que no es absurdo. Yo lanzo mi propia profecía y percibo una audacia infinita que me insta a luchar contra las voraces manifestaciones del absurdo, como si la fuerza de una razón invencible me hubiese consagrado con su óleo divino y me hubiese invitado a superar lo que existe, creando lo que aún no tiene nombre.

29.

En realidad, todo representa una lucha contra mí mismo, contra esta evidencia tan variada, tan inasible y poliédrica; contra las fluctuaciones de mi espíritu, contra la espesa telaraña del miedo.

Ha de triunfar un orden bello y puro sobre este voluptuoso caos de sensaciones y anhelos.

Ha de recomponerse este mosaico fragmentario para divisar de nuevo la perspectiva íntegra, el paisaje que se postra ante el todo, ante el sublime todo, cuya luz nunca se agota; ante la cima solemne, poder victorioso sobre cualquier fisura. Pues ¿qué es la vida, sino la oportunidad de explorar porciones del todo?

Ha de desvanecerse el temor que encoge mi alma y ha de languidecer el desmesurado dominio de lo absurdo.

Amo el predominio de la simetría. Yo he de escrutarlo todo con un espíritu indiviso, tan puro como para no arredrarse ante la sombra de lo universal.

Es la gozosa rebeldía de quien se debate entre el ser y el devenir, entre la permanencia y el cambio, entre la eternidad y el tiempo, cuando en realidad busca esa fusión imposible que tantos han augurado.

30.

El tiempo... ¿Cómo sobrevivir a este entrelazamiento de pasados y futuros que absorbe todos los presentes? ¿Cómo resistir la fuerza que engulle todas las realidades?

Todo claudica ante el poder de la naturaleza. ¿No entristece pensar en la rapidez con que se fugan los instantes? ¿No ensordece el mundo ante el grito de la humanidad?

Es la impotencia del hombre, sometido al vaivén inasumible de las estaciones, a los ciclos del universo, al paso ineluctable de esa entidad severa y vaporosa llamada tiempo, evocación máxima de lo que no comprendemos y quizá nunca lleguemos a comprender.

Lo peor es que no puedes liberarte de su tránsito. No puedes desasirte de ese curso firme e inmisericorde. No puedes detenerlo.

En su reveladora brevedad, no cesa de superponer fragmentos invisibles en una recta imaginaria. Su prolongación nos trasladaría a la meta asintótica, al fin último, a la culminación inconcebible sobre la que han divagado poetas, filósofos y soñadores.

31.

Tiempo que se dilata sin fin hacia el pasado y hacia el futuro, disolviendo el presente en lo incapturable, espacio que se extiende sin término en todas direcciones… ¿Y qué es el individuo, sino una pieza más en ese gigantesco mosaico, una parte pequeña pero imprescindible —pues quizá sea el fruto de un proceso necesario— de esa totalidad indescifrada? ¿Qué somos, sino espacio y tiempo entrelazados en la acción?

Una minúscula tesela es cada alma, y cada pensamiento, y cada materia...; una manifestación de ese todo infinito que nadie agota, y que no deja de avanzar hacia lo desconocido, como una fuerza imparable que crea y destruye, que hace y deshace, que mantiene y cambia lo que cae bajo su poder de resonancias divinas, para reinventarse sin cesar.

¿Sólo un tiempo? ¿Sólo una dimensión que vincula inexorablemente pasados, presentes y futuros en el misterio del instante? ¿Sólo tres espacios? ¿Sólo un todo tejido de diversidad, pero armado unitariamente? ¿Tantas funciones y una sola estructura? ¿Por qué esas dimensiones y no otras? ¿Qué mente podría pensar más allá de este tiempo y de estos espacios, o más allá de todo tiempo y de todo espacio?

32.

Suspiras por lo eterno, pero ¿hay algo eterno en el mundo? ¿Es eterna la verdad? ¿Es eterna la mente capaz de acceder a la verdad? ¿Es eterno el sufrimiento? ¿Es eterna la búsqueda? ¿Es eterno el destino?

Todo lo que crees eterno sucumbirá. Nada en este mundo, nada que caiga bajo el dominio del espacio y del tiempo, puede persistir.

No quieres que la muerte sea el destino del hombre. Piensas que lo peor de vivir es tener que morir.

Mas ¿conoces algún lugar por el que no se extienda la sombra de la finitud? ¿Hay algo en el universo ajeno al cambio y al flujo? Las cosas bellas de la vida, ¿acaso apuntan a lo permanente?

Ni siquiera el espíritu logra sobreponerse a ese flujo. Lanzado al infinito, todo en él es tránsito hacia lo nuevo.

¿Qué perdura, pues, en esta realidad insondable?

Perdura la naturaleza, que contiene dentro de sí todo flujo y todo cambio.

Perdura el todo, que está hecho de posibilidades.

Perdura lo posible, victorioso e imperecedero.

Pero comparado con la eternidad, todo es efímero. También este magnífico sol se halla abocado a extinguirse. También la inmensidad de los cielos se hundirá. Fenecerán todas las estrellas, degradadas por la implacable ley de la entropía.

Todo lo que hoy consideras sólido y perdurable esconde un rostro mortal, la cruel pulsión de una nada que reclama todo cuanto es.

Sólo el todo permanece, aunque las partes se disuelvan. El todo es la verdad indestructible.

33.

Alma mía, no temas el cambio. La vida es flujo, es movimiento, es evolución hacia lo desconocido. No habría vida sin la pulsión del cambio.

Busca la permanencia en medio del cambio, el equilibrio en medio del exceso, el orden en medio del caos, la paz en medio de la fuerza, y conquistarás una sabiduría alta y hermosa.

Hay belleza en el cambio, una belleza pura y sutil, un reflejo de la verdad más profunda de las cosas y del destino último de todo cuanto es.

Se trata de comprender la naturaleza del cambio, para aprender a ser libres aun en la necesidad, y a engrandecer este mundo con nuestro celo creador.

34.

Deseas vislumbrar un orden más allá del caos, una lógica en esta azarosa confluencia de átomos, una razón en lo fortuito.

Pues ¿cómo no llorar al ver este espectáculo majestuoso encaminado hacia el caos? Es la devastación de la esperanza. Es el crepúsculo del sentido. Frente a ello, poco puede hacer el hombre; nada, en realidad.

Lo que el orden decretó al principio se consumirá en el desorden más profundo e irreversible. ¿Acaso estamos condenados al desorden? ¿De qué valen todos los esfuerzos de la naturaleza y del espíritu por hacer triunfar el orden si el propio universo avanza ciega e inexorablemente hacia el desorden?

¿Será el orden un sueño fugaz, la pesada piedra de Sísifo que siempre ha de naufragar en abismos irrecuperables, un destello agonizante abocado a la nada, un tenue resplandor de ilusiones perdidas?

Toda la magia de una naturaleza creadora de orden, todas las obras de la cultura, todos los sueños volcados al mañana..., ¿no se disolverán en el caos, en lo informe, en la eterna y voraz masa que todo lo subsume?

Este horizonte, que enlaza el orden y el caos, la creación y la destrucción, la floreciente aurora de la vida y el triste ocaso de la existencia, perturba la mente y el corazón de cualquier alma sensible. Pero no desistas de rebelarte contra el tiempo. Intenta suspender su ritmo para contemplar lo bello y bueno. Busca vestigios de permanencia en medio de un todo que fluye.

Sólo un dios detendría el despliegue impasible del tiempo, la senda de su devenir creador. Tú quieres ser ese dios, el corazón que brillaría con la suave luz de un pensamiento grande y generoso.

35.

El dolor. Oscuro y penetrante como la fría y húmeda noche invernal, envuelta en silencio, vaciada de entusiasmo.

El inmenso dolor de quien sólo busca, y jamás abdica de abrirse a nuevas búsquedas. El profundo dolor de un ser finito, desgarrado en su verdad íntima.

Rapsodia de interpretaciones inconclusas, efervescencia de impresiones, sentimiento acosador de insatisfacción, contingencia y ansiedad; perfeccionismo inconsolable que es hijo de la impaciencia y de la timidez, inquietud que no se funde en el crisol de ninguna esperanza.

Posees un alma detallista, tan enamorada de la perfección que se siente culpable si en sus análisis no logra la plenitud. Cada signo de carencia e irracionalidad, cada fisura lógica, cada atisbo de flaqueza en la mente y en el corazón, ¿no refleja un nuevo abismo de sufrimiento para ti? ¿No recrea todo el horror y toda la incomprensión del mundo?

Sufres mucho, sufres al contemplar la carencia, la finitud, el límite infranqueable que parece exigir ser franqueado.

No haces sino horadar tu conciencia con autoflagelaciones intempestivas. Dolor infligido por tu propia sensibilidad.

Tenues exhalaciones de lo inexplicable. Preludios de aciagas capitulaciones.

Es el dolor de quien no cesa de clamar por algo más profundo y sublime. Es la cruz redentora de quien aspira a iluminar la tierra con la luz de un nuevo amanecer.

El sufrimiento es al creador lo que la espina a la rosa. Injertadas en un mismo tallo, la belleza y la ausencia se hunden en las profundidades del misterio. De una misma raíz brotan el sufrimiento del creador y su ansia creadora. Esa raíz es la carencia, la angustia por lo que aún no es.

36.

No busques tanta perfección o tu espíritu se ahogará en lo excelso.

Déjame ser hegeliano, y afirmar que la perfección verdadera trasciende la oposición entre lo perfecto y lo imperfecto. Por tanto, o toleras grados de imperfección o tu perfección será imperfecta, una fuente incesante de dolor y desdicha en un mundo que ya rebosa de tragedia.

Porque sólo alcanza las cimas más sublimes el que aprende a reconciliarse con la imperfección; el que transforma la imperfección en camino hacia una aurora nueva y extasiada; el que incluso en la imperfección sabe amar la plenitud.

Sólo quien descubre en la imperfección la senda hacia la auténtica perfección puede sentir la llamada a crear. El límite se vuelve entonces exhortación, anticipo de un mundo nuevo que merece ser explorado y amado.

37.

Despierta ya a la luz, a la hermosa y avasalladora percepción de libertad frente a toda determinación.

Es tu mente, tu propia mente, obsesiva y agónica, la que te esclaviza. Es tu misterio. Tu individualidad. Tu carácter irreductible. Tu desencanto no sanado.

Tú mismo te aguijoneas, escorpión inmisericorde que castra tus propios impulsos, tus propios sueños, tus propias aspiraciones, cegado por tu propia hondura.

No puedes convertirte en rehén de tu inseguridad, en artífice de tu derrota. Eres parte de una luz más grandiosa, más brillante, más pura, reflejo límpido de lo que permanece, aun cohibido por tu finitud, por tu alevosa finitud.

Pues más importante que la conciencia de la finitud es la tendencia a la infinitud, el deseo de sobrepujar esa finitud, el impulso a superarla. La perdurabilidad. La humillación del tiempo y el destino. La rebelión contra la finitud.

Y bello es el deseo que no se agota en sí mismo.

38.

Eres un alma libre, un alma que sabe apasionarse.

Un alma libre no teme ni la vida ni la muerte. Ella sola lanza un canto agradecido al universo por esta oportunidad de amar y crear.

Un alma libre no teme la finitud, pues en ella aprende a amar, y el amor es ya infinito.

Como un témpano que flota en la inmensidad del vacío es un alma libre. Sólo a lo lejos percibe otros témpanos, separados por aguas frías y oscuras. Cuerdas querría lanzar y puentes levantar, pero en ocasiones la distancia es demasiado grande.

Sin resistencia, con la ligereza de un ser divino o de un ángel invisible, el alma libre camina entre lirios, amapolas y flores de loto, por extensiones que se dilatan sin fin. La amplitud y la autenticidad son sus leyes, la sabiduría y la belleza son su destino.

Un alma libre, un alma luminosa, no teme ascender a los cielos o descender a los abismos. En lo sublime y en lo aterrador halla siempre una verdad, un desafío y una llamada a crear, para que irrumpa lo nuevo.

Como un océano, un alma luminosa puede absorberlo todo sin nunca colmarse; tal es su grandeza. Sus fines son tan puros que nada puede ensuciarlos.

Consagrada a su creación, irradia tanta luz que ni la noche puede ocultarla. Incluso la tarde presagia para ella una nueva forma de luminosidad, y todo el día es aurora para quien ha encontrado paz en la luz.

Una mente libre no traza fronteras, sino que se afana en construir puentes.

Pero un alma que busca y piensa por sí misma siempre despierta recelos. Siempre sobra mezquindad, siempre sobra envidia, siempre sobra oscuridad en este mundo.

Los espíritus pequeños no pueden soportar la luz que otros desprenden. Los bajos valores no toleran la nobleza y la altura.

Para ellos, el saber es una cosa muerta, no algo vivo. Pero quien vive el saber, quien lo ama, quien sueña con recorrer la senda más hermosa y con sobrevolar los cielos más puros, no concibe el conocimiento como una realidad congelada, ni el pensar como un astro desvanecido en el pasado; porque el conocimiento nos hace libres, y conocer es expandir la existencia.

Quien vive y ama el saber busca ensanchar los horizontes del pensamiento para dar gloria al espíritu, para crear, para elevar lo imaginable a un nuevo estado.

Mirar al mundo sin miedo es el privilegio de un ser libre, ansioso de explorar, ansioso de amar, ansioso de crear. Es el don de un ser forjado en la vastedad del anhelo, de un ser que se nutre de la fuerza más bella y del impulso más profundo.

Desde las cumbres de un deseo tan noble toda evidencia se convierte en posibilidad, y todo vacío en símbolo de un sentido. Lo que ahora es ausencia se vuelve presencia, y lo que no comprendemos prefigura lo que debemos comprender.

39.

Si amas la verdad, no temas buscarla. Si tu intención es pura, lo que creemos complejo e inaccesible abrirá sus puertas poco a poco, y el sendero oculto se revelará, como una ruta sagrada que nos une al mundo.

El amor a la verdad distingue a los grandes espíritus. La búsqueda de lo que es, más allá de nuestros deseos y prejuicios, nos eleva y justifica ante el universo.

Buscar la verdad exige ver más allá de lo aparente, y profundizar hasta los principios de las cosas, para entender la razón que subyace a todo.

II. El ocaso del sentido

1.

¿Dónde se esconde mi misterio? ¿Qué luz puede sanar mi angustia? ¿Ha nacido ya esa luz? ¿No es en lo infinito donde brota su rayo, tan poderoso como para dorar el alma e iluminar sus profundidades? ¿No es creación y destino su raíz? ¿No es voluntad?

¿Dónde, sino en lo ilimitado, buscará mi corazón aquello a lo que aspira? ¿Dónde pronunciará esa palabra que hoy sólo intuye? ¿Dónde, sino en un presente eterno que subsuma todos los pasados y acoja todos los futuros, en un aquí y en un ahora tan sublimes como para recapitular la totalidad de los mundos que han existido y existirán en el reino de lo posible? ¿Dónde, sino en lo impensado, buceará mi espíritu?

2.

Ante mí te abres, gran mundo. Flagelas mi espíritu con demasiadas efusiones de belleza. Es injusto que ofrezcas tantos caminos a un alma sensible, pero presa de la finitud.

¡Libera las alas de mi corazón para que mi entero ser pueda contemplar todo lo que dispones ante mí con generosidad divina! ¡Lléname de audacia, para que nunca más tema expresar lo que en verdad siento, ese anhelo tan hondo que horada la tierra y surca todos los abismos, porque es un anhelo creador!

Quiero saborear todos tus manjares, beber todos los cálices de la naturaleza y del espíritu, hasta que cada gota de rocío que vivifica la tierra me eleve a los sagrados dominios del cielo. ¡Oh, tú que tanta claridad y oscuridad escondes al unísono, no me niegues lo que yo busco, no me impidas ver con ojos nuevos el amanecer de una sabiduría nueva!

Que todas las luces irradiadas en tus inmensidades me ayuden a amar mi destino, mi destino creador, el mundo inusitado que ha de forjar mi desvelo en el eterno hoy de quien aspira a ensanchar el mundo de la mente.

3.

Todo este universo gobernado por las leyes de la geometría, todos estos soles que nacen y se extinguen, todos estos abismos sin término que estremecen la inteligencia, ¿entienden el significado del amor?

¿Qué son las aspiraciones del hombre ante el silencio de un infinito que nunca nos habla? ¿Qué somos ante tanta vastedad y tanta hondura, que se despliega y repliega sin cesar, en un ciclo eterno?

Y vosotras, estrellas sin nombre que observáis el magno espectáculo del mundo, ¿por qué no dejáis de brillar? En mí evocáis dulces armonías. Os contemplo, y el torrente de la fascinación derriba las fronteras de mi alma, libre ahora para venerar lo que en verdad es grande, libre ahora para concitar las lágrimas más puras.

Pero ¿dónde habitan todas las promesas de la juventud que, hilvanadas con suavidad y ternura, secuestraron nuestros sueños? ¿Dónde los anhelos avivados bajo vuestro púlpito de luz? ¿Dónde subsiste esa fuerza que todo lo atrae y que nada repele? ¿Dónde moran los gozosos recuerdos de querencias inmortales?

Embriagado por la belleza de lo eterno, vuestro fulgor era intenso y solícito cuando soñaba con tocaros, como amado del día y de la noche. Hoy sólo se me antoja un débil centelleo que bate mi corazón de nostalgia y pena. Pues honda es vuestra hermosura, melancólico es vuestro horizonte.

Preferiría que os escondierais en lo remoto, para encender yo mi propia luz. Entonces sentiría la presencia de un fin más allá de tantos medios. Entonces sentiría libertad.

4.

Todo se disuelve en las profundidades de tu alma. Demasiadas lágrimas desbordan ya la copa de tu espíritu. Su belleza se dispersa por el vacío del mundo.

Los vanos anuncios de universos nuevos ceden hoy el testigo a una certeza: ni todo el saber del cosmos ni todo el amor que pueda concitar el corazón humano mitigarían mi desazón, este salvaje sentimiento de soledad, de privación, de sumisión abnegada ante lo inexplicable.

Todo lo que un día supe me parece hoy confuso. Todo cimbrea bajo este cielo.

Aciago es el destino del hombre, que busca sin saber nunca si encontrará algo definitivo.

Arrojado su espíritu al infinito, a mares hostiles e impenetrables, navega por las aguas tempestuosas de la angustia existencial. Pero en cuanto cosecha el más humilde de los triunfos, contempla ante sí un desafío infinitamente mayor, un lenguaje nuevo por descifrar, el preludio de una nueva aurora.

El sol de lo inesperado nos bendice entonces con sus dorados destellos. Son chorros de presagios puros, que se deslizan por los meandros de un corazón ansioso.

La pulsión más intensa vuelve a devorarnos con su incitación irrefrenable a continuar, a buscar en espacios aún más desconcertantes.

Vigilados por la luz de estrellas desconocidas, sentimos el deber de penetrar en la densa niebla para vislumbrar un horizonte cálido y creador.

5.

Una mezcla de tristeza y gozo perfora ahora mi ser. Soy un microcosmos de autoafirmaciones. Soy conciencia encarnada que intenta bucear en lo profundo, en lo indescriptible, en la meta de todo simbolismo, pero que no resiste la fiereza de semejante viaje hacia los fondos abisales del espíritu y de la vida.

Sin embargo, qué hermoso es este viaje que se inventa continuamente y no cesa de inaugurar mundos, esta aventura sin mapas ni rutas, entre piedras venerables y ruinas egregias, este trayecto que se justifica en sí mismo y moldea sus propias determinaciones.

Qué profundo es este viaje que no teme negarse, suspenderse y renovarse, pues siempre apunta más allá de sí mismo.

Es la magia de lo indefinido, de la forma libre que acaricia el cielo, del relámpago que deslumbra el mediodía con sus destellos insondables, fecundas imágenes de lo nuevo.

Pues lo importante no es experimentar, sino reflexionar con lo experimentado; nutrir el intelecto con caminos que lo hagan avanzar, verdadero cuaderno de bitácora de esta singular travesía por mares de angustia y necesidad.

Es el premio de mentes desembarazadas de prejuicios, arraigadas únicamente en la conciencia de la posibilidad. Es la sabiduría de quien no se conforma con lo dado. Es la sabiduría de quien hace del instante la antesala de un gran futuro.

Más bello es descubrir una ruta provechosa hacia el saber y la vida que el saber y la vida en sí; la clave del entendimiento que el contenido específico.

La lección que podemos extraer de los distintos episodios de la vida es lo que nos justifica ante lo desconocido.

Más que a vivir, has de aspirar a aprender mientras vives. Y no existe nada en el mundo desprovisto de interés o sorpresa, porque todo responde a algo más profundo.

6.

Ahora yaces varada junto a la orilla de tu destino, pero ¿qué has visto en ese lecho tan profundo? ¿Qué oscuridades te han cegado con la sombra del horror?

No temas. Sé que los horrores de las profundidades superan con creces los de la superficie, pero tú has de continuar. Tú estás llamada a crear tu propia aurora, tu propia bienaventuranza.

Deja que tu corazón golpee la árida razón; que, como Pegaso, haga brotar el agua con sólo tocar la tierra y obre el milagro de una intuición límpida, de la perfecta y amorosa intuición del todo, pórtico a una sabiduría universal. Leva ya anclas y navega libremente por la vastedad de un océano insumiso, sin miedo a mirar directamente a tus posibilidades.

7.

Qué bella es esta bruma, esta cascada de febriles intuiciones, esta crisis necesaria de formas y conceptos, este amanecer flanqueado por densas nubes que vaticinan un mediodía de paz, sabiduría y creación.

Es la eclosión de una aurora anhelada tras el ocaso.

Es el dolor que antecede a la irrupción de nueva vida, de nuevo pensamiento, de nueva audacia.

Es tensión creadora frente al destino, fuerza que permanece y permanecerá por siempre, aunque los ríos se sequen y el Sol se apague. Tensión que es el sello de la vida verdadera, de la vida creadora, de la vida que se posee a sí misma.

Bruma, dulce bruma, encadenamiento inductivo de preguntas e inquietudes que, desde lo más humilde e intrascendente, te proyectan a las dimensiones más abstractas.

Es la gloria de la sensibilidad, del sentir humanizado por el aliento poético, del corazón purificado por el fuego del amor a lo desconocido, pasión lírica que ensalza al hombre y corona sus sueños. Tensión irrefrenable desatada por esta angustia que germina en mi yo más honesto.

No saber adónde ir. Sufrir con todo. Reacción en cadena detonada por estímulos ínfimos, por símbolos de apariencia inocua, como si este gigantesco mundo volcara la totalidad de su dolor y de su injusticia en la frágil copa de un solo espíritu, en el ocaso de mi vulnerabilidad, minúscula porción de este vasto sistema deductivo que todo parece absorberlo en el rigor de lo inexorable.

8.

La incomprensión...El frío insoportable de la incomprensión, de raíz amarga y fruto incierto.

Estás hecho para la gloria de comprender, gozo supremo del espíritu; para buscar razones y, si no las encuentras, inventarlas. Las fuerzas invisibles no te han creado para conformarte con la incomprensión.

Pero qué difícil es vivir si en verdad necesitamos esa razón inasequible. Lo fácil es vivir sin justificación. Seguir la corriente arrolladora que nos impulsa y precede. Renunciar al control. Abdicar de una conciencia que se afana en subsumirlo todo en su sistema de conceptos y relaciones.

Tú has nacido para articular lógicas y discursos. Eres prisionero inconsciente en el gran cielo de la inteligibilidad. No puedes sustraerte a las poderosas instrucciones inscritas en tu ser más íntimo, en tu código existencial.

A veces te rebelas. Te consagras a la expresión libre, al noble caos creador del que no siempre surge el orden que amas.

Sin embargo, en lo más profundo de tu ser sigues suspirando por un sentido, meta vagarosa que parece reclamarte.

Por sendas tan extrañas hemos de transitar los hombres.

9.

Sí, un sentido. Mas ¿acaso te refieres a una lógica? Porque la tiene. Concatenación de causas e inexorabilidad de efectos. Destino escrito en un lenguaje arcano, pero descifrable. Confabulaciones imprevisibles, pero verídicas. Promesa suntuosa, pero otorgada por la humilde materia, por el frágil cuerpo, por la ductilidad del mundo y de sus leyes.

Otra cosa es que ese sentido no te satisfaga. Que no te hable. Que no te conmueva. Que no te brinde calor y ternura. Que te obligue a navegar por la corriente incierta.

Pero no te sientas arrojado repentinamente a un mundo incomprensible o enteramente ajeno a tu ser: eres el mundo. Su prolongación. Naces del mundo. De su necesidad. Toda una historia te precede.

Pues no hemos sido creados por ningún dios, sino por el poder de la naturaleza. Somos el rostro vivo de esa naturaleza que tanto puede. En nosotros habita un sinfín de necesidades.

Todos los dioses nos han revelado su auténtica faz: la naturaleza y su fuerza infinita.

El que comprende esta enseñanza puede ahora admirar el don de la existencia. Esta enseñanza es grave, es profunda, es divina.

El que comprende esta verdad entiende la hondura de lo humano, su tragedia y su gloria.

¿Tanto te avergüenza tu condición de hijo de la naturaleza que quieres escindirte por completo del mundo, y subordinar el mundo a tu ser?

10.

En el alba que inaugura el día o en el crepúsculo que anuncia la noche, en la solemnidad del océano o en la ligereza de un pétalo que cae, en lo majestuoso y en lo pequeño, ¿no subsiste en cada detalle de esta naturaleza infinita todo un universo de belleza a la espera de nuestra sensibilidad, y todo un cosmos que ha de ser comprendido?

¿No se condensa en todo algo digno de ser contemplado, algo inconmensurable?

¿Quién no admira la vastedad y la profundidad de la naturaleza?

¿Quién no admira lo que es grande, lo que apunta a lo infinito, lo que es bello y puro en su silencio?

¿No crece el espíritu con esa admiración, ala que nos hace ascender a cielos libres?

Que nuestra veneración por lo grande nos ayude a ver grandeza en el fundamento, en lo que es siempre más hondo, porque siempre se hunde en su verdad. Que nuestro amor nos impulse a comprender y a crear.

11.

Sí, la naturaleza es un tesoro viviente de belleza e inspiración.

Ella te colma con el don más preciado para un alma profunda: el sentimiento de infinitud, de grandeza, de poder inagotable.

En ella bucea tu imaginación cuando la soledad aguijonea tu espíritu.

En ella te sumerges cuando el aburrimiento te flagela, y de sus fuentes inescrutables bebe tu corazón cuando la sociedad te da la espalda.

En ella contemplas todo aquello que el hombre parece incapaz de alcanzar, porque todo en ella fluye según su propia ley, según su necesidad eterna.

Montañas, valles, ríos, lagos, océanos, formas vivas... Todo obedece a una lógica invicta, que pocos saben descifrar.

Pero ¿saciaría tu corazón una belleza que no es libre, sino ciega?

¿Calmaría tus ansias un poder que no es medio, sino fin?

¿Elevaría tu espíritu una fuerza que sólo busca afirmarse, y que desconoce la libertad?

¿Podrías amar lo inexorable, cuando tu destino es la libertad?

No busques armonizarte con la naturaleza, sino comprenderla, para trascenderla mediante el pensamiento y la acción.

12.

No hay espacio para la libertad en la corriente de la naturaleza, donde todo retorna a sí mismo y en sí mismo se encierra, dentro de un ciclo inextinguible.

Manantial y océano es la naturaleza; fuente de todo lo que es y destino de todo lo que ha de ser. Su extensión es inabarcable; ni el ojo de Dios podría sondearla.

Como un arroyo que es también lago, como un principio que incorpora su propio fin, es este círculo infinito que nos contiene, donde somos pequeños arcos de una circunferencia siempre mayor, llena de armonía y silencio.

Origen y fin, entrelazados en lo inexorable, es la naturaleza que todo lo absorbe y todo lo transforma.

Sólo el espíritu rompe las cadenas de lo necesario. Sólo su luz logra escapar del eterno ciclo y abrir las puertas de la verdadera creación, en el reino de lo que aún no ha sido pensado.

Pero el espíritu es naturaleza. En el suelo de la naturaleza hunde sus raíces, y de sus nutrientes más hondos se alimenta el espíritu universal. Es agua que mana de los hontanares primigenios, y es caudal que cae indefinidamente hacia los mares de la plenitud.

No confíes en quienes separan el alma del cuerpo, o al hombre de la naturaleza. El mundo es unidad, y la diversidad da gloria a esa unidad. Es sabio quien no menosprecia los detalles de esa unidad, sino que intenta comprenderlos, para revelar al espíritu su verdadera patria y su noble futuro. Es sabio quien aprende a insertar la libertad en la necesidad, y a orientar la necesidad hacia la libertad.

Lo que sustenta el alma sustenta también el cuerpo; lo que ensalza el cuerpo ensalza también el alma; lo que buscan el cuerpo y el alma es superarse, es crear, es inhalar la fresca brisa de lo posible, es sumergirse en la infinitud, y obtener paz en el proceso.

El espíritu es ya naturaleza, pero todavía no es naturaleza; es y no es, en el camino hacia lo que no se agota, en el límite que nunca se alcanza, en el horizonte que siempre existe.

13.

Como el silencio puro de un mar encalmado, como el sosiego celestial de un valle solitario, así es el respirar de una mente enamorada de la verdad y de la belleza.

Es el amor lo que la define; el amor es su esencia y su destino, la perla guardada en lo profundo y la luz que brota más allá de todas las oscuridades.

Y si la verdad es demasiado grande para una sola alma, ¿no querrías bañarte sin cesar en sus torrentes infinitos?

¿No querrías resistir la fuerza de esa cascada sobre tu cabeza, para hundirte en la comprensión de lo que siempre será profundo?

14.

¿No te conmueve la mirada del cielo, sea en el día o en la noche? ¿No te abrasan sus pupilas incandescentes? ¿No encuentras en todos los espacios y en todos los instantes una llamada a trascender?

¿No parpadean los astros en la inmensidad, acongojados por el drama que se representa en esta tierra: el drama de un deseo siempre superior a sí mismo?

Ante ellos, ¿no sientes que todas las almas palpitan como una sola, henchidas de fascinación por lo que nos desborda?

15.

Fuerza inagotable que nos rodeas: haznos soñar con lo que no alcanzamos a comprender; haznos soñar con lo que aún no sabemos desear; haznos soñar con lo que no podemos entender.

Infúndenos confianza en nosotros mismos, para liberarnos del temor al deseo, y temer sólo la ausencia del deseo.

Haznos ver en toda aurora una llamada a ennoblecer nuestros deseos.

Porque sólo un impulso creador, nacido del deseo más hondo, puede sanar la soledad del hombre.

Crear es el sueño más bello del espíritu humano. Su música es pura, y golpea el corazón como un aldabonazo divino.

16.

Ni todos los océanos del mundo podrían absorber el río de la inquietud humana, porque sus aguas nacen del deshielo de nieves infinitas, en cumbres que jamás se alcanzan.

Y ¿quién conoce el infinito que existe entre el cielo y la tierra?

¿Quién no ha palpado la suprema belleza de ese mundo que se agita en nosotros, y que nos convierte en dioses cuando impera el silencio?

Mientras perdure la humanidad, mientras el tiempo de lo humano surque su senda, un impulso demasiado profundo nos seguirá llamando a crear, a añadir, a abrir el mundo a sus posibilidades; y al hacerlo sellaremos ese mismo tiempo, pues plantaremos la semilla de aquello que nos ha de superar y suceder en la infinita carrera del existir.

17.

Es en tu alma, es en la nobleza de este instante, es en el sagrado aquí y ahora, donde se reconcilian todas las pulsiones que parecen antitéticas.

Es en tu alma donde emerge la anhelada novedad, que irrumpe en el cielo del espíritu como la llegada de la primavera, y es allí donde fuerzas que creíamos condenadas a enfrentarse alcanzan su culminación, su éxtasis, su sentido.

Es en tu alma, en tu tiempo, en tu unicidad, donde Apolo y Dionisio se dan la mano, donde la lógica y la intuición se abrazan y donde la razón y la imaginación alcanzan la plenitud que merece el hombre, destinado a superarse incesantemente.

¿Por qué ver como opuesto lo que siempre puede hermanarse con lazos de oro? ¿Por qué representar el mundo como una suma de fragmentos inconexos, cuando la mente siempre puede vislumbrar una síntesis integradora? ¿Por qué renunciar a esta profunda energía, cuyo chorro de haces puros clama por desbordarse ilimitadamente; a este anhelo de encontrar un espacio siempre más grande, siempre más bello, siempre más divino?

Quien halle inspiración en lo que aún permanece escindido tiene todo un mundo a sus pies, que espera ser conquistado por el alma humana.

Pues hay un horizonte, lleno de espléndidas figuras, que sólo una mente libre se atreve a concebir. Su mar es hermosa, y sus aguas bañan el espíritu con olas perfumadas.

Serena y armoniosa, como una nube límpida que flota sobre el mundo, así sobrevuela el alma liberada las vastedades de todas las tierras, y así se eleva el espíritu al son de intuiciones que reflejan destellos eternos.

III. LA CADENA DE LA NECESIDAD

1.

Te obsesiona lo absoluto. Sueles menospreciar lo relativo.

Quieres ya el todo, el inexpugnable todo, pero no lo lograrás si no amas los detalles, las humildes fracciones, las consumadas y bellas contingencias que moldean el coloso por ti admirado.

Tú anhelas inundar el mundo de racionalidad, de una explicación completa, de un hermoso monismo ontológico cuyo sistema de conceptos y principios resalte la continuidad entre todas las parcelas de ese tejido inconsútil que es el cosmos.

Amas la sucesión metafísica, el alma de lo inexorable, la naturaleza que no da saltos, la serie universal de las causas y de los efectos, el entrelazamiento de poderosas cadenas argumentales que preservan la verdad de las premisas en la forma lógica de las conclusiones.

Amas la necesidad. Su luz te anega de fulgores divinos.

2.

Sin embargo, abrasado por el sinsentido, te asaltan dudas, terribles y sangrantes dudas, más fieras que un león acorralado.

Es el pavor ante la inmensidad de lo desconocido, el sagrado sobrecogimiento ante lo que no comprendes. Sus ráfagas de viento son tan gélidas que te hacen tiritar.

Percibes tanta muerte, tanta destrucción, tanta sinrazón, tanto salto a la infinitud de lo oscuro, que la fría evidencia pulveriza tu devoción por la luz.

Y lo más doloroso es el sufrimiento irreversible, la herida no sanada, la injusticia que ya aconteció y que jamás será borrada: el candado que cierra para siempre la puerta del sentido.

La última mirada de una realidad pasajera atormenta tu espíritu, y tú te vuelves a una luz que anhelas, a una luz radiante por la que siempre ha suspirado tu rostro, pues tu destino no es aceptar la muerte, sino rebelarte contra ella.

Es la sombra de lo irrecuperable lo que te asusta. Esa nieve que siempre amortigua el ruido de tus pasos, ese silencio que todo lo absorbe y devora, ese misterio que yace en lo profundo y que no deja de reclamarte.

En cuanto reflexionas sobre la gravedad de la existencia, se desvanece tu fe en el ser humano y en la racionalidad, evaporada como agua en el desierto. Ya no puedes entonarles tu canto puro, forjado en la eterna profecía del amor, del amor a la naturaleza y a la humanidad.

3.

Al menos nos quedan la memoria, la mirada compasiva al pasado y la preconización de una utopía madurada bajo el desgarro y la impotencia. Aunque no brille la luz de la justicia en el universo, al menos podemos intentar que haya algo de justicia en el mundo.

Con irreprochable viveza, sientes tu pertenencia a la humanidad. Sólo puedes vincular tu dolor al suyo. Aplacas así tu desazón.

Pues crees que tu destino es sufrir, por mucho que también receles de tus propias percepciones.

4.

Puedes sentirte abrumado por esta necesidad cósmica, por esta concatenación de causas y efectos.

Olvidas que también eres esa necesidad.

Eres una parte tan necesaria como la misma ley de la necesidad, que se despojaría de su carácter inexorable si no pudiera aplicarse a elementos y procesos imbuidos de una misma y poderosa necesidad.

Era necesario que fueras libre. Nuestra libertad es hija de una necesidad sublime. La belleza de esta idea es profunda, es evocadora para quien ama pensar.

5.

Atrévete a romper la cadena de la necesidad. Perfora su velo con una mirada iconoclasta, infinitamente auténtica, tan audaz como para trascender todos los vestigios de una necesidad aparentemente indómita.

No tengas miedo a la muerte, o habrás muerto ya en vida. Respétala, eso sí, pues su nombre se cierne sobre todos nosotros, incluso sobre los dioses, aunque no sobre el ser mismo en su inmensidad y en su fundamento.

Haz que tu vida se justifique por sí misma, por todo lo que iluminaste, amaste y entregaste. Sólo así vencerás a la muerte y penetrarás en el ansiado reino del sentido.

Que la vida no sea un tránsito inexorable hacia la muerte, sino una oportunidad para que la humanidad encuentre un nuevo sentido y una nueva sabiduría.

6.

Una vez más, la sombra azarosa de la duda. Es penetrante, es ondulada, y todo lo llena de oscuridad.

Nada la doblega. Es la inverosímil destilación de todo un sufrimiento subyacente, que recorre y perfora el mundo de los hombres y el de la naturaleza.

Las manifestaciones esporádicas de un dolor cósmico, de un calvario omnipresente. Se encuentra enclavado en las entrañas de un mundo que se construye desde el sufrimiento, y que no parece abdicar del sufrimiento, como si nada pudiera rebelarse heroicamente contra su existencia.

Te cuesta aceptar que un solo hombre pueda estar condenado a sufrir tanto, a sentir tanto, a captar tanto, a palpitar con tanto, a sacrificarse tanto en el altar de lo real y de lo posible, a recibir esta ingente variedad de pulsaciones multiformes que te golpean, elevan y humillan.

Una vorágine de ininteligibilidad que te circunda y arrolla. Eres su siervo, su prisionero, su hijo olvidado, que ahora reclama.

7.

Pero tú prefieres fiarlo todo a la racionalidad venidera, a ese dios sereno y bondadoso que cincela la escultura del universo con bellos patrones de orden y armonía.

A un dios puro, grande y luminoso, pletórico de sabiduría y pródigo en dones, cuya geometría celestial imprime, en las inmensidades del cosmos, una perfección matemática y un rigor metafísico que sólo las mejores mentes de la humanidad han sabido entender.

Son fulguraciones de racionalidad que destellan puntualmente en los intersticios de cielos grisáceos. Es la coexistencia de los opuestos. Es la desconsolada cuadratura del círculo. Es la denodada contradicción, la confluencia hilemórfica de lo que es distinto y aparentemente irreconciliable. Es lo inexplicable de un mundo en continua transformación e inmerso en un silencio imperecedero.

Pues en la desnuda eternidad de una fórmula matemática no hay vida. No hay finalidad en esa belleza inmóvil. Es la muerte absoluta, la congelación de todo ímpetu y de todo deseo, porque en ella nada fluye, y sin flujo no hay vida verdadera.

El dios que busca nuestro espíritu no puede ser una fórmula matemática, no puede ser el lenguaje universal de la razón: debe negarse continuamente; debe crearse continuamente; debe trascenderse continuamente.

8.

Realidad polarizada. Realidad enconada en dualidades que se afanan en subsumir la complejidad del cosmos.

Dos mundos que palpitan al unísono en el seno de una sola alma, desgarrada por un combate eterno.

No. Ni unidad ni dualidad ni pluralidad. Búsqueda. Verdad. Posibilidad inmarcesible; ser que se es.

Un dios sufriente y un dios glorioso. Las mismas vacilaciones, los mismos y extenuantes dilemas que han atrapado a tantos a lo largo de la historia, se materializan ahora en ti. Despuntan en tus inquietudes, en tus balbucientes imploraciones de una solución definitiva a este conflicto interior que recapitula toda una lucha cósmica.

El mundo o yo, y dios como síntesis sublime de esa oposición.

El mundo, el ciego y sordo mundo, el vertiginoso entrelazamiento de causas y efectos que se suceden sin cesar y esculpen majestuosas estructuras celestiales, o tú, ápice de conciencia, mundo dialéctico que se niega e interroga a sí mismo, emblema de vida, sagrada flor que brota en inhóspitos desiertos, cumbre solitaria que otea mundos y metamundos, imaginación desenfrenada que se siente capaz de sondear el infinito y de crear lo que aún no ha surgido.

Divinizar al hombre y humanizar a Dios, pero yo busco esa nueva aurora que supera la oposición misma entre Dios y el hombre.

9.

¡Oh conciencia!, tú me permites detener el mundo y sentirme poderoso en mi reflexión.

¡Oh tú, llama encendida en mi ardiente soledad, tú que inspiras mi búsqueda sobre la inmensidad vibrante de estos mares infinitos, tú, reina jamás destronada que me abres al deseo de comunidad, porque eres tan sublime que yo solo no podría soportarte!

En torno a ti, en torno a tu sagrada soledad, ¿no giran incontables planetas, pero siempre de modo invisible y silencioso?

¿No me haces contemplar lo que los sentidos me ocultan, y no me haces soñar con mundos nuevos?

Eres todo entrega a una causa siempre superior a ti. Ni siquiera cuando te sumerges en el decurso de la noche cesas de verter luz sobre los mundos. Brille o no el mediodía, nunca te cansas de alumbrar a los que ansían expandir el espíritu, nacido para crecer ilimitadamente. En tu perpetuo viaje creas y destruyes, para que resplandezca lo que puede ser y se establezca lo que ha de ser.

Gracias a ti, la Tierra deja de rotar, los días paran, la vida y la historia interrumpen su alocado rumbo y un espíritu eterno se aloja en mi mente, que encuentra su destino en conocerte y en amarte.

Aposentado en tu sede, soy más que un dios; juzgo lo externo desde el interior, alzo la mirada a lo infinito y desciendo sin miedo a lo profundo. Un horizonte que me sobrepasa y abruma emerge en mi conciencia, y sus alas me elevan a lo que no tiene término.

Desde tu cima, alta y sosegada, todo lo veo, todo lo escucho, todo lo atrapo, todo lo suspendo; todo escapa a la vorágine y se presenta dócilmente ante mí.

Me siento divino cuando soy consciente, cuando mi yo, escondido entre las brumas de lo intangible, se atreve a imponerse sobre el mundo, hasta someter lo que parece necesario al juicio insobornable de una mente libre.

La naturaleza no podría haber otorgado al hombre mayor don que la conciencia, luz inextinguible que todo lo ilumina, fortaleza de nuestra libertad.

10.

¡Qué oscuridad! Pareces regocijarte en la falta de luz.

Pero aun en la penumbra, ¿no percibes el reflejo oculto de un dios murmurante, cuyo sutil destello te hostiga con dulzura?

¿No se hace presente lo que se ausenta a la luz del día? ¿No nos invita a amar la pregunta por el sentido de la vida y de la muerte, para conocernos en nuestra ignorancia?

¿No brilla en la oscuridad el dios de la ausencia, el dios de la negación; la diferencia que no cesa de retar la claridad y la tersura de la presencia?

¿Amarías al dios de la luz y de la presencia si lo tuvieras siempre contigo?

¿No son los dioses oscuros el contrapunto necesario al universo de la presencia?

¿No surge la totalidad del mundo, trenzado de luz y oscuridad, cuando palpas la fuerza de la ausencia, que ruge en la lejanía, en los dominios de un dios que aún no tiene nombre?

¿No creas tu propio mundo más allá del mundo de la presencia cuando te atreves a experimentar la noche de la ausencia, el reino de la sombra que se remonta a lo desconocido, el mundo que se abre a su no-mundo, a su mundo posible, al desocultamiento de lo que ahora no está, pero debe estar, para que resplandezca el verdadero poder del mundo?

¿No es ese el dios de la filosofía?

11.

Dios. Totalidad que integra mundos y yoes. Dios mundano y humano. Mundo y hombre divinizados, exaltados, enaltecidos a la morada primordial, a la razón suprema de la que todo brota y hacia la que todo conspira. Dios como posibilidad…

Dios del que tan poco sabemos. Dios del que nada sabemos. Naturaleza que se rinde gradualmente a nuestro anhelo de conocer, pero sin dejar de desafiarnos con nuevos misterios, susurros de su gloria.

No sé quiénes sois, ni cómo dirigirme a vosotras, instancias supremas del pensamiento humano, velos que habéis obligado a la finitud del hombre a elevarse a los más altos pináculos de la especulación metafísica, a los límites mismos de la reflexión.

Permitidme que os llame bajo un único nombre: lo desconocido.

Pues es a ti a quien en verdad invoca mi corazón. Por ti se desviven mis lágrimas. Por tu síntesis inasible de razón y sentimiento pugna mi conciencia, ansiosa de contemplar el mundo con ojos nuevos, con ojos transfigurados por la luz eterna de un deseo puro.

12.

Mas si afirmas que algo es Inaccesible, ¿para qué tratas de acceder a ello?

Si sostienes que algo es Incategorizable, ¿por qué te esfuerzas siquiera en hablar de ello?

Si postulas la existencia del Absoluto, ¿cómo te atreves a hacerlo, si sólo navegamos entre relatividades?

Reconoce que no sabes nada de aquello que aseguras conocer, y que detrás de tus etéreas palabras sólo hay ignorancia y vaguedad.

Usa mejor la razón para arrancar algún secreto al mundo.

13.

¡Oh, fatalidad humana! ¡Oh, conmovedora aspiración a elevarse y a creer que alguna vez alcanzaremos el límite, cuando estamos condenados a ascender sin término!

Tú, hombre que en mí habitas, imploras a ese dios que apague tu sufrimiento. Buscas un dios tan profundo como la conciencia humana.

Anhelas la transparencia absoluta del ser.

Entonces todo tendría sentido. Entonces un ángel te habría visitado para revelarte esa verdad universal que absorbe tu búsqueda. Imbuido de la fuerza, la belleza y el misterio de la vida, entonces te creerías libre del cilicio de la incertidumbre, que es tu sigilosa mortificación interior, tu yugo despótico, tu carga inefable: las dudas que serpentean por los muros de tu alma.

Siempre al acecho, como tinieblas trepadoras, te envuelven sin clemencia. Nada consigue disiparlas y sustituirlas por la gracilidad y la hondura de la luz.

Pero ese dios que amas puede ser totalmente distinto a la conciencia, al orden racional que impone tu mente. Puede ser arbitrario, tiránico, incomprensible. Puede anteponer la voluntad a la razón. Puede emerger como un nuevo universo de insensibilidad.

Por mucho que receles de la fe en ese dios oscuro, en silencio admites su posibilidad. Este es tu mayor temor: un dios irracional, alógico, libre como para renegar de la razón y de su luz.

14.

¿Qué más quieres entonces?

Te cerca la negra sombra de una duda destructora, preludio de una búsqueda creadora. Es tu destino.

El ignorante no duda. Vive rodeado de serenas certezas. El que ama la sabiduría se ve obligado a dudar de todo, a cuestionarse permanentemente todo, y a convertirse en pregunta. Pero también advierte la necesidad de ampararse en alguna certeza, para que caigan progresivamente los velos del misterio y nazca la aurora de un saber profundo.

¿Qué es la sabiduría? La sabiduría es conciencia, es perspectiva, es mirada amplia y segura. La sabiduría es comprensión, propia de quien eleva el pensamiento a los principios y no se deja confundir por los detalles. El sabio discierne unidad en medio de la variedad, y orden en medio del caos. Ante sus ojos, el todo resplandece sobre la parte, pues contempla el mundo desde las altas torres de un alma fortalecida por el entendimiento. Porque la sabiduría es claridad que disipa las brumas del cosmos, es poder sobre el flujo y la incertidumbre. Sus rayos iluminan las sendas más oscuras, y su ímpetu se dirige al fundamento de las cosas.

15.

Por mucho que dilates los confines del ser y del pensamiento, por mucho que busques los límites del mundo, sabes que ha de haber límite, frontera, estipulación.

Has de comprometerte con algo, con una regla, con una determinación, que es siempre sinónimo de negación, por cuanto te impide contemplar lo que se yergue más allá de esa frontera.

Temes el determinismo, porque si todo ha sido determinado, incluso tu conocimiento del mundo se halla determinado por el desarrollo necesario del propio mundo. Luego no eres tú el que conoce, sino el mundo a través de ti. No descubres nada; tan sólo asistes al despliegue de lo inevitable. Así pues, tu conocimiento presente del mundo es parte determinante de su futuro. Lo *a posteriori* es en realidad lo *a priori* en este círculo infinito que es la evolución, la vuelta del mundo a sus orígenes, el reencuentro con su verdad.

16.

¿Cómo escapar de este laberinto de determinaciones? ¿Cómo huir de lo trágico?

Con cada paso, con cada acto, con cada decisión y con cada respuesta, ¿no parece clausurarse todo un mundo? ¿No se cierra un horizonte de posibilidades, un reino de potencias insumisas que claman por un acto? ¿No se inmola un universo pasado en aras del voraz futuro? Elegir, ¿no es también rechazar?

Sin embargo, también comprendes que siempre pueden abrirse nuevos espacios de posibilidades en este océano sin orillas.

17.

Arduo dilema. Otra vez el dolor, el dolor incesante, el dolor infinito, el dolor cuyas intercesiones flanquean a nuestra estirpe humana en todos los senderos que explora, surca y amplía.

Un dolor que en realidad se alza como brújula enigmática en esta aventura. Pues cuanto más dolor, más desafío, más vida, más oportunidades de avanzar y descubrir.

¿Dónde anida ese dolor, sino en el deseo inconfesado de conquistar un mundo que se esfuma en cuanto nuestros dedos lo acarician?

Quizá la respuesta viva en el amor, en la verdad, en la virtud, en el paraíso de un creador entregado a la humanidad y no a sí mismo. En suspender una búsqueda ciega para orientarla a la humanidad.

Sí, a la humanidad. Sé que la amas y la odias al unísono. Querrías ir más allá de ella, superarla, olvidarla, refugiarte en una falsa indiferencia.

Pero aún eres humano. Por eso entonas un cántico furtivo a las posibilidades de la mente, a su capacidad de unir lo distinto mediante conceptos y conexiones lógicas.

18.

Inténtalo de nuevo. Te lo diré con franqueza: no temas. Nuevas posibilidades, portentosas y conmovedoras, emergerán y no dejarán de sorprenderte con la vastedad de tesoros que esconde el mundo del espíritu.

Lanzarás al pasado miradas de conmiseración cuando recuerdes cuánto temor te producía haber renegado de un sinnúmero de posibilidades, haber circunscrito tu acción a horizontes tan estrechos.

Intentos, posibilidades, opciones... Descúbrelas por ti mismo. No has venido aquí para comentar lo que otros han dicho, sino para impulsar el pensamiento hacia el futuro; para otear nuevas maravillas.

No busques en las palabras de otros tu sentido. Pueden ser guías transitorias, pero ellos no te conocen. Conviértete en tu propia palabra. Destila de las profundidades de tu conciencia lo que tú mismo has de ser, la fuente de tu luz creadora. Se tú el verbo por el que ahora habla lo universal.

El sol de una intuición creadora sonríe siempre a quien aspira a superarse.

Buscar, querer y luchar son la entraña de una vida auténtica, y quien ansía trascenderse ha alcanzado ya la salvación, pues ha levantado su propia cumbre y su propio destino.

19.

El trabajo..., sí, el sello del hombre, la transformación de la materia inerte en significado, el amable aliento del espíritu insuflado en el silencio corpóreo.

Pero no busques en lunas lejanas o en galeones sumergidos. Ese tesoro de luz pura que secuestra tus ansias sólo puede residir en la matriz infinita de tu espíritu, en la fuente de tu sensibilidad, en el reconocimiento creativo de las posibilidades que brotan de la mente como centelleantes manantiales.

¿Has sondeado ya todas esas posibilidades latentes? ¿Todavía no has comprendido que las combinaciones son potencialmente infinitas, y que por tanto es posible lo nuevo? ¿Tanto desconfías del universo, del tiempo, del espacio, del entendimiento? ¿Acaso temes que la dignidad de lo concreto se diluya en un mar de tenebrosa infinitud y necesidad ciega?

Yo te repito: no temas. Permite que el salvaje ardor de una intuición aún más hermosa que el azul del cielo irrumpa como nueva primavera. Que no te asuste lo que emerja de las profundidades de un espíritu ansioso.

Aprende a sembrar en los abismos de tu conciencia la semilla de una intuición abierta a la inmensidad y a la ambivalencia de todos los sentimientos humanos, de todas las pulsiones del corazón, de todos los pliegues y meandros de nuestro ser; una intuición que desemboque allí donde se funden lo luminoso y lo oscuro para obrar el milagro de lo humano, de la riqueza del alma y de su energía creadora.

20.

Buscarte. Buscarte es encontrarte. Escapar del ambiente y ampararte en el misterio fraguado por tu propia soledad. Recluirte esporádicamente en tu cenobio interior, resguardado frente a las minucias terrenales que nublan el espíritu, es liberarte.

Abrirse a uno mismo, abrirse al mundo auténtico, profundo, universal.

Sustraerse a la vorágine que te persigue y envuelve. Abandonar la corriente de las formas circundantes. No escuchar las voces fragorosas de la mayoría. Enajenarse y ascender a la cúspide para vislumbrar mejor la inmensidad del horizonte y la grandeza de tu propio corazón.

Si te fundes con lo que te rodea, si te mimetizas con el medio, si te sumerges en el torbellino de la masa y renuncias a crear tu propio pensamiento y tus propias prioridades, no podrás ayudar. No podrás contribuir a la mejora del mundo, a su expansión conceptual y material.

21.

Sigue. El camino es el universo, y ya está hecho. Hay que surcarlo para conocerlo. Pero el modo de seguirlo es nuestro camino.

Lucidez y coraje. Amplitud de miras, cualidad escasa y enérgica, bella y resplandeciente como una cascada entre montañas.

No dejes que una conciencia vaga de lo imposible colonice tu imaginación.

Aprende a volar por parajes escondidos bajo la elocuencia de una noche estrellada, entre el rubor del ocaso y la pureza de la aurora.

Sueña con la belleza más acrisolada y deja que el poderoso imán de una gran idea te atraiga con su magnetismo irresistible.

Aviva la llama que sólo arde al son de deseos puros y de corazones honestos, junto al lago de la virtud y de la audacia.

Adueñate de tu espíritu, de tu historia y de tu mundo para que sea verdad aquella profunda intuición de los filósofos, y la mente sea entronizada como vanguardia de una realidad en incesante movimiento.

22.

Cíñete entonces al plan inicial. Pero ¿acaso hay plan?

Tú eres el plan. Ser es el plan, la meta inmóvil, la capciosa ductilidad de un destino.

¿O acaso te plegarás a lo ajeno? ¿Preferirás ser absorbido por las fuerzas insobornables del destino? ¿Renunciarás a grabar la huella de tu identidad, de tu unicidad intransferible? ¿Renegarás de tu canto no vedado contra una fatalidad ciega, contra un mundo inhóspito que sólo intenta reafirmarse con arreglo a hermosos principios de simetría e invariancia?

Concibe mejor el ser como posibilidad, como apertura, como búsqueda que se realiza en su búsqueda, en su verdad y en su pureza.

Por tanto, no cejes en el empeño de descubrir tu propio mundo, que será tu creación, tu alabanza, tu don.

Pues sólo descubres cuando creas, cuando inventas un nuevo lenguaje y una nueva arquitectura conceptual capaces de hacerse cargo de semejante novedad, de semejante hallazgo en potencia.

Continúa sin miedo. Hazlo hasta arrojar tanta luz a tu alrededor que muchos sólo puedan preguntarse por la fuente de tu sabiduría, más brillante que un cielo saciado de esplendor.

23.

¡Oh tú!, gran sol de la vida, más bello que todos los cielos, más puro que todas las fantasías de la mente y del corazón.

Tú, astro amoroso, ahora que despuntas sobre el horizonte con vigor y hermosura, ahora que revelas de nuevo tu majestad al alma ansiosa de profundas impresiones, ahora que triunfas sobre la oscuridad y el vacío, ¿abrirás ante mí la faz de un mundo nuevo, o reiterarás lo que ya conozco?

¡No te limites a renacer para repetir lo que ya ha sido! ¡No cubras la avidez de mi rostro con los reflejos del pasado!

¡Regálame esa novedad verdadera por la que suspiro incesantemente! ¡Muestra al espíritu cómo bajo tu imperio de luminosidad brota un cosmos inexplorado, repleto de riqueza e inspiración; una aurora siempre volcada al futuro!

24.

Si un dios todo lo conoce, ¿acaso no vive preso de su omnisciencia? ¿Acaso puede haber algo nuevo para quien todo lo ha sondeado desde alturas sagradas?

Yo quiero ser un hombre para soñar con lo infinito.

Yo quiero ignorar para deleitarme en la nobleza de mi búsqueda, y acrecentar mi amor por el saber.

Yo quiero sumergirme en profundidades que custodian el amanecer auténtico, la novedad victoriosa sobre los abismos de lo que sólo retorna a orígenes ancestrales, recluido en su mismidad.

25.

Tú que vences al ocaso y resucitas de entre las tinieblas, tú, bien inagotable, yo te doy gracias por nutrir mi imaginación con posibilidades infinitas, eco de virtud que me eleva a la patria suspirada.

Tú, claridad insaciable, haces que en mí surja un profundo amor por la vida.

Tú evocas en mi alma libertad y comunión, creación y destino, sacrificio de las fuerzas humanas en el altar de un futuro siempre más grande.

Tú que traes al mundo luz y esperanza, tú que nos bendices con una mirada tranquila y llena de pureza, tú que brillas sobre los abismos y las lejanías, enséñame a confiar en mi destino, para realizar el tránsito que todo lo asuma y enaltezca, en el reino de lo ilimitado.

Tú que acercas todo lo que es finito al horizonte de su infinitud, tú que no dejas de derramar un rocío generoso sobre el vasto mundo, ensanchando las provincias del espíritu, tú que disipas las sombras con tu sagrado fulgor, infunde en mí fortaleza y anhelo de saber, baña mi alma y mi corazón con la virtud de la perseverancia, para continuar allí donde la senda parece rechazarme, y contemplar sin prejuicios la verdad que ante mí dispones.

26.

Dame una mente nueva, que no tema pensar lo que aún no ha sido pensado.

Extirpa de mi alma toda sombra de temor y enséñame a concebir un mundo nuevo y un espíritu nuevo, una creación nueva y una voluntad nueva.

Transfórmame en roca para cuantos dudan de que el hombre puede superar lo dado, de que la conciencia logra esparcir sobre el silencio del mundo las semillas de una voluntad creadora, trasunto de sueños infinitos.

Haz que los más altos ideales de creación y belleza surquen el arroyo de mi alma, lleno ahora de transparencia y sentido, preparado ya para la salvación que busca.

Enséñame a redimir el pasado; enséñame a perdonar; enséñame a abrir el espíritu a lo que aún puede ser.

Pues el perdón es la luz que vence al destino, el fulgor todopoderoso que quiebra la cadena de la necesidad, el canto libre que convierte el pasado en un nuevo amanecer. Quien sabe perdonar toma las riendas de la vida y muestra que el destino no está escrito de antemano.

27.

Cuando pase mi tristeza, cuando se sequen mis lágrimas, cuando mi alma se recobre a sí misma, encontraré flores que aún no se hayan marchitado, y auroras que preserven su belleza, y paisajes que salvaguarden su poder de evocación.

El mundo seguirá brillando como espacio para el ensueño. La imaginación continuará traspasando todas las fronteras y elevándose a todas las bóvedas. El espíritu humano no habrá perecido, la naturaleza no se habrá cerrado, y el fondo del alma no dejará de admirar el esplendor de sus amaneceres promisorios.

28.

He encontrado un agua tan pura que al beberla me he embriagado de belleza y deseo. Era un agua celestial.

Derramada por ángeles, ha bañado mi alma con una visión demasiado profunda para el hombre.

En ella, una flecha con destellos dorados perforaba mi ser. No era la flecha del ayer o del hoy, sino la flecha del mañana. Un mañana tejido de necesidad y libertad, que inundaba mi imaginación con los ecos de mundos nuevos.

Era la flecha del espíritu, hecho para lo que aún no existe, pues su destino es crear.

29.

Destino que encadenas misterios insondables,
necesidad entrelazada a necesidad,
¿cómo puede amanecer
la hermosa luz de un alma libre
en medio de tu grandeza y de tu fuerza?
Si todo está escrito en el libro eterno,
si todo fluye sin interrupción
desde la fuente más profunda,
¿qué es la libertad,

sino el preludio
de la necesidad futura?
¿Aceptaré entonces mi destino?
¿Descenderé a los abismos
para luego conquistar nuevos cielos,
en el ascenso hacia lo ilimitado
dentro del gran ciclo
que es el todo?
¿Pero no es mi destino
creerme libre,
para ser libre?
¿Qué he de aceptar,
sino mi duda,
mi inquietud,
mi deseo de caminar
hacia lo inagotable,
inmerso en el sueño
de una voluntad
que engendra mundos,
semilla de dioses
en el reino de la conciencia?
¿Hundirme en la necesidad
para renacer en la libertad?
¿Bañarme en las aguas más oscuras
para descubrir el alto cielo
de una sabiduría creadora,
bello y deslumbrante como el sol?

IV. LA NUEVA SABIDURÍA

1.

¡Oh sabiduría!, luz e impulso que todo lo abarcas con la infinitud de tu misterio.

Tú tienes un mensaje de salvación. Tú proclamas que el destino del hombre es amar, comprender y mejorar lo que existe, para crear lo verdaderamente nuevo, lo que aún no existe, pero merece existir.

El tuyo es el canto más bello jamás oído, un poema silencioso que penetra dulcemente en el corazón, para llenarlo de esperanza, fuerza y sentido.

2.

Derrama sobre mí tu dulzura. Bendíceme con tu claridad. Pues tú alumbras mi destino cuando en verdad te busco, cuando en verdad se ofrece mi corazón a tu horizonte y aprende a amar las tribulaciones de tu búsqueda.

Pero sólo una sabiduría nueva colmaría mis ansias. Una nueva montaña y un nuevo abismo. Un nuevo mar y una tierra nueva, más bellos que todo lo conocido.

Sólo el anuncio de lo inédito, sólo la buena nueva de una sabiduría creadora calmaría mi sed de vida y amor.

3.

Yo necesito una sabiduría que no tema superarse.

Una sabiduría creadora es lo que yo busco, que ame y se entregue a la sabiduría futura. Una sabiduría que resplandezca incluso en los fondos más oscuros. Una sabiduría tan profunda que prefigure el paraíso.

Una sabiduría infinita, tanto como para renovarse incesantemente, tanto como para sacrificarse y resurgir en forma de amaneceres nuevos, pero también para morir tras los nuevos crepúsculos.

Una sabiduría que me abra a lo inesperado, a la semilla que da el fruto eternamente nuevo.

4.

Lo que yo busco es lo que tú buscas: una sabiduría más honda que toda la anterior; una sabiduría más plena y universal es lo que ambicionan nuestras almas y anhelan nuestros corazones, pues ambos están hechos para elevarse sin cesar.

No una aurora que despunte tras la noche de la incomprensión, sino una aurora que se baste para crear, más allá de todos los ocasos.

¿La encontraremos? Pertrechados de ímpetus e ilusiones, ¿en qué lechos abisales deberemos sumergirnos para hallar ese pecio, esa luz inagotable que ayer, hoy y mañana ensalzaría nuestro espíritu hasta un cielo que también fuera tierra?

Pero ¿no asoma su rostro en el deseo mismo de buscarla? ¿No resplandece su esencia en el tesoro de este devenir creador, que mientras surca espacios y tiempos descorre el velo de lo posible?

5.

En toda sabiduría debe haber algo perenne y algo nuevo; algo, en suma, perennemente nuevo.

Una filosofía superior no desdeña lo que la precede, sino que busca integrarlo, expandirlo, imaginarlo...: crearlo, como merece un pasado que siempre late en el presente, cual impulso a superarse en el futuro.

No pretende caminar sobre los escombros de filosofías pasadas, sino sobre su gloria, para forjar una gloria aún mayor, y que el torrente de las ruinas egregias llene el manantial en el que todos necesitamos inspirarnos.

6.

Yo quiero cultivar esa semilla, plantada por la mano del hombre y recogida por lo desconocido.

Quiero sembrar el mundo con semillas capaces de echar raíces en conciencias nuevas, en conciencias creadoras, en conciencias que no temen el límite, allí donde el trigo ya no se vea amenazado por la cizaña.

Entonces podré decir que un anhelo tan puro nos ha salvado.

Entonces podré imaginar que un nuevo sol irrumpirá, triunfante, tras la noche del espíritu.

7.

No te conformes con la sabiduría acumulada, con la sabiduría perenne. Todo lo perenne caduca ante el impulso sagrado del espíritu, que es avanzar.

No enseñes a amar lo que hay. Eso ya lo hacen muchos. Enseña mejor a amar lo que puede haber, con la luz de un anhelo más grande que todos los deseos hasta ahora concebidos.

Escucha sólo a los grandes del espíritu, no a los pigmeos, no a los que cercenan tu alma, no a los que amputan tus alas, no a los que te disuaden, no a los que quieren ahogarte en el pozo donde ellos ya han caído. No estás hecho para hundirte, sino para volar. Incluso tu propio abismo, la profundidad insondable que tu espíritu esconde, ha de ser para ti un cielo, un horizonte, un universo por descubrir.

Reserva tu corazón y tu voluntad para lo que en verdad es puro, y noble, y luminoso; para lo que en verdad enaltece al hombre, hasta que llegue el día en que ninguna montaña y ningún abismo puedan atemorizarnos.

Aspira a amar con la gloria de un amor nuevo.

Atrévete a decir: «Bienaventurados los que buscan, los que crean, los que ansían expandir el espíritu humano, los que no confinan su amor al presente, sino que osan vislumbrar el futuro».

8.

Ningún creador auténtico ha coronado las cumbres más bellas sin tallar al mismo tiempo su propio camino hacia lo alto.

La fuerza de un espíritu se mide por su determinación para no seguir el rumbo que otros han establecido.

Cuando para ascender a la cima te obliguen a transitar por una ruta que tú no hayas fijado, rebélate. Afirma tu fe en tu propia libertad. Afirma tu destino sobre el flujo de la vida, porque con cada nueva individualidad despunta un universo, milagro de dioses y premio de hombres.

No confíes nunca en quienes secuestran tus ansias en el presente. Les asustan tus sueños, la consumación de tus horizontes. Envidian tu amor al futuro. Se burlan de lo que no comprenden.

Rodéalos, muéstrales cuán ridículas son sus mediaciones, sus instituciones, sus palabras y sus hechos.

Refuta sus falsas y amargas profecías con tu propio testimonio. Deshonra su sistema e instaura tú el sistema de un ser libre, el camino de un ser creador, movido por una voluntad grande y luminosa, que sólo codicia desprender luz y anhelo. Es el tesón de quien no teme superarse.

9.

La añoranza de un nuevo sol, capaz de infundir vida y poder en una mente que busca, es el nutriente más hermoso del espíritu.

Es el rayo que surge en la oscuridad de la noche, la luz inesperada que brota de lo alto, para enardecer lo profundo.

El que emprende una búsqueda sincera ya ha encontrado su meta y su destino, su abismo y su cielo. Navega ya por el océano de la plenitud, saciado de evocaciones profundas.

Quien busca elevar el mundo siempre vuela más alto que quienes se conforman con lo dado. Pero para ello necesita mejores alas: las alas de una conciencia libre, que no teme preguntarse por lo que puede ser y que consagra la pregunta como su senda, su meta y su destino.

Un mundo infinito es que lo necesita un alma rebosante de luz, porque sólo en lo infinito podría derramar aún más luz, sin sentirse nunca satisfecha en el abismo de su amor.

10.

Lo que tú buscas es el tesoro universal del espíritu. Una luz tan bella y radiante que nadie podría desear guardarla para sí mismo, sin esparcirla hasta las esquinas del firmamento. Una luz que redima y justifique tu soledad. No el retorno a una luz ancestral, sino la difusión de una luz nueva.

Pues ¿qué sería de la abundancia sin nadie con quien compartirla? Una sabiduría que no puede comunicarse se marchita. No está hecha para custodiarse en cofres sellados. La verdadera sabiduría es anhelo de vida y hambre de creación.

Sólo busca esa sabiduría quien tiene necesidad de crear, de traer lo ausente a la vida; quien siente la llamada a ser lo que aún no es, a ser más y a ascender a nuevas cumbres.

Quien sueña con conquistar las cimas más altas no teme descender a los abismos más profundos. En ascender y en descender encuentra sentido a su existencia, y al tallar nuevas montañas y excavar nuevos abismos esculpe el rostro de un amor nuevo.

Su deseo es su salvación, pues es un deseo luminoso, un deseo que horada los cielos del espíritu con su sed de libertad.

11.

El que busca una nueva sabiduría no teme lo que otros han dicho ni lo que otros dirán. El suyo es un suspiro de integración, un anhelo de unificar conciencias y de inaugurar mundos. No le asusta la diferencia, pues en ella escucha la voz de una identidad nueva.

Ama el tiempo de la humanidad. Ama lo que nos ha sido deparado. Por ello, se esmera en comprenderlo, para crear el nuevo destino, hermanado al antiguo con lazos de oro.

Es en la tierra donde ve el cielo, y es en el cielo donde busca hundir las raíces de la tierra. Unir tierras y cielos es el desvelo de su amor, el ansia eterna de quien no puede resistirse al abismo de lo que aún ignora.

¿Quién podría soportar ese destino redentor, la sublime luminosidad que abruma y ciega, sino aquel que se sacrifica por un destino nuevo?

12.

Quien aprende a admirar la belleza de un gran desafío entiende lo que significa ser hombre, lo que significa buscar un *más* perpetuo.

Quien tiene fe en las posibilidades de la mente mueve no montañas, sino universos.

Quien penetra en las causas de las cosas comprende lo necesario, y goza libre en su necesidad.

El que busca comprender busca crear vida, la vida de lo que resplandece con la luz del alma. La vida de lo inteligible, la vida de lo que revela una lógica, una libertad y un destino.

Con las alas de ese espíritu asciende al más inmenso y brillante de los cielos.

13.

El sabio abomina de todo lo que es falso. El sabio cree lo que debe, no lo que le conviene. Su espíritu sólo vive para la verdad.

Tan familiarizado se encuentra con la verdad que no soporta un átomo de falsedad. Su instinto reconoce de inmediato la presencia de la falsedad, y se esfuerza en expulsarla con palabras de claridad y sentido.

Porque un alma grande seduce con su luz, tejida de verdad y audacia. No necesita embaucar con capciosos embrujos.

Aun en la tristeza y en la soledad, el sabio rebosa de luz, de una luz que no puede esconder.

Pero arduo y sinuoso es el camino de quien busca derramar luz. Los que se han acostumbrado a la oscuridad de la noche no querrán que amanezca un nuevo día. Envidiarán su luz. Intentarán eclipsarla con el centelleo de falsas estrellas.

Mas la luz verdadera, la luz de la libertad y de la creación, no tolera lo bajo. Aunque, presa de un anhelo redentor, trate de mezclarse con luces espurias, al final no puede rehuir su naturaleza más íntima: brillar en lo alto. Siente curiosidad por los abismos, pero lo hace para sondear hasta qué hondura llegaría su luz.

Tanta luz queda en su espíritu que no tiene tiempo de sentir envidia hacia nada, sólo conmiseración y amor.

Su luz es tan pura que no busca deslumbrar, sino enseñar. Expandirse por regiones oscuras y conquistar un nuevo espacio para el ser, un nuevo reino para el amor, la sabiduría y la belleza.

Absorbida por su tarea, las pequeñas pasiones y los afanes efímeros la esquivan. La suya es una naturaleza grande, purificada de toda mezquindad. Se halla tan libre de toda ambición espuria que vive consagrada a crear, a trascender lo dado.

Como un astro arrojado desde el firmamento, al principio duda de su valor. Mas en cuanto contempla la oscuridad del mundo, descubre su vocación verdadera: dar luz a quienes saben amarla.

No temas brillar, estrella mía, luz en la noche del alma, canto en el silencio cósmico, deseo inmaculado de sabiduría y amor que merece tener su propio cielo.

Anega mi conciencia con tal exceso de fulgor que ya sólo pueda desprender la claridad más espléndida, hasta que rebose de luz, hasta que haya tanta vida y tanto fervor en el seno de mi espíritu que no tema perder o entregar a otros alguno de tus rayos, pues siempre gozaría de sobreabundancia.

14.

Crear para vivir: esta es mi doctrina.

Vencer el olvido y la frustración con la fuerza de un anhelo tan pujante y diáfano que extingue todas las dudas.

Es el destino de quien no se conforma con despertar de nuevo a este mundo hendido de dolor, sino que busca un mundo más bello y luminoso, donde aprender a mirar al infinito con un amor más puro y elevado.

Crear para acoger.

No restauración, sino creación integradora, que no teme cortar de raíz lo caduco, lo absurdo.

Integrar lo que merece ser integrado. Acoger ansias y aspiraciones. Tomar el relevo en esta carrera incesante hacia la creación, meta de tu conciencia, savia del universo, espejo de franqueza en la soledad del alma.

15.

¿Quién no querría surcar el cielo de la intuición creadora? ¿Quién no atravesaría la bóveda de su misterio, sagrada e inabarcable, refugio de esperanzas eternas, morada de deseos que aún no han nacido?

Pues desde astros nuevos, ¿no contemplaríamos la grandeza de este mundo con un ardor divino?

Déjate inspirar por el sueño nebuloso de un mundo totalmente nuevo, cuando sabes que ni siquiera podrías imaginar lo totalmente nuevo.

Crea tú el sentido de tu vida. Crea tú la trascendencia. Adopta tú la condición de destino.

Entrégate a la variedad, a la pluralidad, a la flexibilidad hermenéutica. A interpretaciones elásticas y audaces. A no temer sacudir los propios fundamentos. A negarse para afirmarse y resurgir, como un fénix que crece con su dialéctica.

Nuevos rostros, nuevos retos, nuevas palabras, nuevos marcos de referencia, nuevas preguntas y respuestas sembradas en un nuevo espíritu humano.

Ser y explorar como únicas esencias de lo que hay. El alma infatigable de la búsqueda.

16.

Sólo puede crear quien tiene fe en la libertad humana. Quien no lo subordina todo al orden, sino que deja espacio para el desorden, para la salvaje irrupción de lo que aún no comprendemos.

Y yo alabo el caos creador, ese torrente que divide montañas y anega bosques, ese impulso inagotable que roba espacio al futuro; alabo, en definitiva, la grandeza de la libertad humana.

Pues nuestra meta es ser libres, libres frente a la naturaleza y el espíritu, libres frente a una naturaleza inclemente y un espíritu agotado, libres para crear el mañana.

17.

Resulta placentero recrearse en lo imposible cuando no lo llevas a sus últimas consecuencias.

Asumes selectivamente elementos de esa novedad, de ese lago de evocaciones, pero no te comprometes con la novedad en sí. No te arrastra su viento indomable, que te catapultaría a un espacio temible, hondo y siniestro: a lo desconocido e impensable.

No estás preparado para crear desde la nada, desde la arbitrariedad del no ser. Ya eres ser. Jamás comprenderás la nada, la nada verdadera, salvaje, avasalladora; la negación pura y por tanto inasible, tempestad que nunca amainaría, fiero océano de olas que rozan el cielo. No puedes negarte de modo tan radical como para borrar los rastros de lo que ya es y de lo que ya eres.

Esfuérzate mejor por engrandecer y perfeccionar el mundo con la claridad de tu audacia, pues jamás podrás negarlo. Jamás podrás desafiarlo con una negación tan intensa y profunda como el mundo merecería, con una negación que estuviera a su altura, con una absoluta inversión metafísica de la esencia de este mundo, y de todos los mundos posibles e imaginados.

Cualquier cosa que imagines y desees contendrá siempre atisbos de este mundo. Será mismidad, reiteración, transformación, pero no negación verdadera, no ruptura categórica con lo dado.

No aceptas que así lo hayan decretado los dioses de la lógica y de la naturaleza.

Sin embargo, ni siquiera tú puedes confundir lo posible con lo imposible. Hasta los dioses obedecen pudorosamente, cumplen reglas y cruzan caminos ya trazados. Son esclavos de una lógica previa a su poder.

El poder no es nada ante el orden lógico inalterable, armonía preestablecida, eterna y aquilatada, siempre victoriosa sobre las presiones del caos, la mutabilidad y el flujo.

El poder sólo consiste en una elaboración temporal de configuraciones válidas, de hechizos transitorios. Jamás logra instaurar un nuevo orden. Sólo combina, transforma, mezcla. No crea. Ese poder supera incluso a los dioses.

Aún no te han revelado el nombre del dios que pueda en verdad crear.

18.

Disfruta al menos de la dulzura del instante en que musitas el nombre prohibido, y vislumbras lo imposible. Regocíjate con la breve renuncia a ser tú mismo, identidad íntegra, *yo* no diseccionado, orgullosa plenitud circunscrita a los difusos límites de tu espíritu…

Pero no podrás. Se impondrá el principio de una realidad indócil, siempre anárquica y severa hacia el hombre.

Aprovéchate, eso sí, de esta energía tan hermosa que bulle en tu interior. Es la virtud de una mirada límpida, dispuesta a sorprenderse con la sonrisa inesperada de lo nuevo.

No temas la locura. No lograrás lo imposible, pero sírvete al menos de su intuición para desafiar lo dado, para crecer y crear, para erigirte en nuevo mundo, en creación, en dios y amor.

19.

Quien ha reflexionado sobre toda la sabiduría, toda la ciencia y toda la belleza que hemos conquistado, ¿acaso no soñará con cimas infinitamente más brillantes?

¿No soñará con el día en que sobre fe en las posibilidades de la mente?

¿No soñará con que la inmensidad de los cielos exhale un único vocablo, una sola palabra de amor y vida?

¿No soñará con esa aurora en la que no haga falta perdonar, ni condenar, porque en la conciencia humana sólo brillará el deseo incesante de mejora, el ansia de superación verdadera, el clamor por crear lo que aún no nos ha sido dado?

Y en ese horizonte, más soberbio y magnífico que el esplendor del cielo estrellado, ¿no se cumpliría el auténtico destino del hombre? ¿No acariciaríamos entonces el sol de la verdad plena, al calor de la pasión más sublime que puede surcar los meandros de un corazón finito?

¿No se consumaría nuestro ser?

20.

¿Hacia dónde discurre tu ansia de amor? ¿Qué son esas aguas que brotan de tu anhelo, sino una voluntad de abrir mundos que aún permanecen en silencio y oscuridad?

Tu ansia de amor, ¿no es sed de luz? ¿No es el reflejo de un infinito que te reclama? ¿No es la voz de un poder que trasciende ocasos y auroras, noches y días, naturalezas y espíritus?

Tu ansia de amor, ¿no preludia un futuro siempre nuevo, que abraza todos los pasados y eleva todos los presentes?

Sé que cantas en lo profundo, sé que tu alma se hunde en lo insondable, y sé que en las entrañas de ese abismo se escucha tu himno solitario, tejido de nostalgia y lágrima. Sé que tu canto es puro como una estrella, pues brilla sin esperar recompensa de los hombres. Sé que tu canto resuena en corazones venideros, deseosos de crear contigo ese mundo que aún no existe.

V. LA LUZ EN LA NOCHE

1.

¿Qué extraño aullido oigo aun en medio de esta tempestad interior? ¿Cómo puedo discernir sonidos tan vulgares y evanescentes cuando sólo me creía turbado por las agitaciones de mi corazón enajenado, solo ante el funesto silencio cósmico? ¿Dónde se oculta la verdadera música de la naturaleza, que antes escuchaba con desvelo?

Tú, grito lacónico que emanas de un bosque sombrío, me devuelves a la cruda realidad. Todos mis anhelos hunden sus raíces en la misma fuerza que te propulsa por la sutileza del aire.

En la espesura de la noche me despojo de todo resto de vanidad. Materia y poder somos, y de la materia y el poder brota la genealogía de nuestras ansias, hijas de esta ubicuidad de posibilidades no realizadas, de sueños no clausurados.

La luz de la luna me deslumbra. Sus reflejos son cegadores. Aullidos pavorosos me desasosiegan, porque ignoro cuál es su fuente. El crujido de las hojas que piso me revela todo un mundo que había olvidado. Criaturas misteriosas me circundan, pero ya no las temo; suficiente es el miedo a mí mismo.

Aunque sobre mí cayeran legiones de lobos, aunque sobre mí se posara, fija y desafiante, la siniestra mirada de un búho, y aunque serpientes sigilosas rozaran mi piel desde el quebradizo suelo, ningún temor me asaltaría.

He venido a este bosque porque no tengo miedo a fuerzas externas, sino a mi propio yo, esquivo, anfractuoso.

Es en el descomunal silencio de mi espíritu, en el espantoso vacío de un ser angustiado, donde anida mi temor.

2.

Humilde gota de rocío que brillas en esta pequeña hoja, retoño de armonías celestiales, alma nimbada de belleza, caricia que sosiega mi mundo con la transparencia y la concordia de un valor eterno: trasluces un universo de posibilidades y presagios.

Ante ti me postro, porque en tu extasiada pequeñez capto reverberaciones de gloria y grandeza, la majestad de un todo que se manifiesta en tu sencillez y en tu simetría.

Cuando mis pensamientos parecen elevarse a la morada de los dioses, los más pequeños estímulos me recuerdan quién soy. Pero no obtengo esperanza. Ahora todo acrecienta mi insanable sensación de soledad. El que busca la sabiduría está condenado a vagar entre silencios.

Por mucho que surque este bosque, que a la luz del día despliega tesoros y me infunde paz, hoy sólo me abraza la desesperación, el estupor, el vértigo desigual de la incertidumbre. Se trata de una incertidumbre parasitaria. El parásito utiliza al huésped sin aportarle nada. No hay cooperación, relación simbiótica, la belleza preconizadora de ese intercambio provechoso que constituye uno de los principales motores de todo proceso evolutivo. Hay dudas simbióticas, pero también hay dudas parasitarias. Y esta es una de ellas.

La belleza es hoy oscura. La fantasía y el ensueño sólo exacerban mi frustración ante la hegemonía del deseo y el despotismo de una imaginación que en ocasiones se cree omnipotente.

Necesito una voz humana que me rescate, y me invite a ascender con ella a las montañas del espíritu, allí donde el ideal sería la vanguardia de lo real, y donde la realidad pugnaría por cumplir el ideal. Sin piedras labradas por las manos del hombre y sin bosques creados por el ingenio de la naturaleza, sólo en esa cumbre de permanencia y verdad hallaría por fin la plenitud.

3.

Tú, voz interior, me has escoltado en todas mis desventuras. Cuanto más flaqueaban mis fuerzas y más crecía mi angustia, con mayor sutileza me hablabas. En tu lenguaje encontraba una valiosa brújula.

Si antes buscaba la belleza y la verdad a través de palabras extrañas, hoy he aprendido a apreciar el poder y la hondura de lo sencillo. Es así como se comunica la conciencia consigo misma, para que resplandece la luz de un corazón puro.

Dame palabras honestas, profundas, limpias como el azul de un cielo sin nubes, perfumadas con las fragancias más exquisitas, que son las emanadas de un alma sincera, porque entre este infierno viscoso y estas alturas arcanas no distingo ya lo que quiero.

Velado por intuiciones ciegas, ¿quién escanciará el bálsamo que por fin me consuele? ¿Habré de caminar en esa penumbra que agita mi corazón con su misterio, aguijoneado por una insatisfacción infinita? ¿Hasta dónde, impulso sagrado a buscar que engrandeces al hombre?

¡Desciende ya, luz suprema, y hazme partícipe de tu verdad! ¡Apaga este dolor que en mí arde, fuego desbocado que fragmenta mi alma y confunde mis sentidos!

4.

Qué amable me parecía la luz de los astros cuando una alegría íntima e inescrutable fluía por mis venas. El cielo brillaba entonces con una claridad especial, y todo reflejaba una atmósfera de eterna y dulce suspensión. Flotaba en lo inefable.

Al calor de esos rayos en la noche y de los deseos que burbujeaban en el hogar de mi silencio, me creía capaz de conquistar todas las mentes, de recorrer todos los senderos de la tierra y de elevarme a todos los cielos. Un solo minuto me bastaba para atrapar el corazón del ser humano y expandir mundos.

Pero hoy soy esclavo del dolor, de un dolor sigiloso e intransferible. Las más gozosas profecías se me antojan amargas. Todo lo que un día busqué languidece y escapa de la fuente aletargada del entusiasmo.

Quienes antaño sedujeron mi alma, quienes se apoderaron de mi corazón y lo ataron con un lazo tan suave como la mano de la aurora, hoy sólo representan sombras delicuescentes. Ya no me impresionan. Ya no me dicen nada.

Todo lo que deposité en sus corazones yace hoy en tinieblas.

¿Qué será de mí?

¿Quién me acompañará hasta el término de este camino que no lleva a ninguna parte?

¿Permaneceré secuestrado en este bosque oscuro?

¿Soportaré mi propia soledad, mi estruendosa soledad?

¿Me diluiré? ¿Me desintegraré paulatinamente, sumido en la lenta agonía de quien contempla su imparable disolución con un sentimiento de impotencia máxima, encaramado a un púlpito tan perverso que incluso llega a connaturalizarse con semejante proceso de autodisgregación, reo de una aceptación resignada y culpable?

¿Sabré renacer? ¿Soportaré mi propia reflexión? ¿Valoraré mi propia angustia?

¿Sabré ser yo mismo, y ser más que yo mismo, y asumir identidades nuevas que no anulen por completo la anterior, que no desnaturalicen irremisiblemente lo que he sido, soy y aspiro a ser?

5.

El silencio más triste brama en el fondo de mi ser. Soy un paisaje desgarrado por la incomprensión. Soy un mundo sombrío. Ya no hay luz en mi alma. Ya no soy imperturbable ante lo que no entiendo.

Es el ocaso de mi conciencia, el fin de mi identidad. Me besa un crepúsculo que clausura mi claridad y mi fe, extendiendo su manto sobre una tierra grande y extraña, que es la tierra de mi espíritu. Es la derrota potencial de un yo que no puede asumir más transformaciones; de un yo que no puede sufrir más metamorfosis, pues parece condenado a disolverse en un magma ininteligible.

Asisto a la renuncia a ser yo mismo para sucumbir ante el frío marmóreo de lo impersonal, ante la vastedad de lo amorfo, y quizá liberarme de una angustia que hunde sus raíces en la volatilidad de lo subjetivo.

¿Ya no te sosiega buscar verdades universales, certezas objetivas y desapasionadas, nuevos e impasibles engranajes que arman una máquina impertérrita? ¿No lo prefieres a esta alocada persecución de una verdad capaz de resolver el misterio de la vida, de una verdad que te exhorte a vivir y te descubra un sentido? ¿Aún no te has convencido de que todas las verdades que amas no son más que representaciones en tu mente de un mundo siempre huidizo?

¿Y si el sentido fuera la metáfora de quien no se conforma con la verdad?

¿Y si fuera un intento heroico pero fracasado por construir una verdad más allá de la verdad impersonal del universo?

6.

Tú anhelas una razón para vivir. Te embriaga el dulce aroma de la tierra, pues te desvives por vivir, por justificar tu impulso inconsciente hacia la vida, tu afinidad con ese proceso inconceptualizable que te incita a continuar, a caminar hacia una vocación incognoscible, a trabajar sin descanso y con esfuerzo divino.

Quieres convertir la vida en conciencia, en fruto cristalino de la reflexión, en autoafirmación, en nueva vida y nuevo mundo.

Quieres humanizar el mundo, el espacio vaciado de un existir propio, libre y creativo, para transfigurarlo en rostro, en sangre, en labios, en hálito de palabra y sentido.

Quieres que la conciencia tome las riendas de la vida, para que el universo pronuncie por fin la palabra implorada, el verbo sagrado.

Deseas afirmar la vida, pero para ello has de negarla en su forma más inmediata. Has de trascender la vida para que rija la conciencia. Has de pensarla, has de cultivarla, has de crearla desde tus propios cánones y desde tu lenguaje inédito. Has de imponerte sobre la fuerza de la vida, para así ser libre, tan libre e impávido como quien no teme negar lo que ya tiene.

No te basta la verdad del universo, de la que también brota la verdad incontenible de la vida.

Eres humano, profundamente humano. No existiría esta humanidad sin el afán por construir esa verdad que sacie su voluntad desaforada, su hermosa voluntad de vida y sentido, cuya vastedad encapsula en sí misma un universo, un espacio de significado, una sintaxis y una semántica.

Así será hasta que la tierra se funda con el cielo y se abra la bóveda sideral, para revelarnos un espacio desconocido. Así será hasta que el hombre sea más que el hombre, y más que todo deseo de superación. Así será hasta que el hombre sea en verdad libre, un *más* perpetuo, unas alas que sólo sirvan a su posibilidad de crecimiento y elevación.

7.

Lo fácil es escindir ambos mundos, ambas verdades, ambos sistemas de categorías. Lo difícil es tallar la divina escalera que vincule ambos reinos, tejer el etéreo lazo que hermane objetividad y subjetividad, naturaleza y conciencia, materia y espíritu.

Quizá lo encuentres en esa noción tan evanescente como embriagadora que es la idea de posibilidad. Es la alianza olvidada entre lo dado y lo que clama por ser dado. Es el arco tendido entre la realidad y lo que aspira a la realidad bajo el auspicio insondable de una imaginación osada, que convierte posibilidad en deber, en imperativo creador, en ímpetu consciente hacia la vida más profunda, más luminosa, más subjetiva, emancipada de la ciega servidumbre a las fuerzas de la naturaleza.

La posibilidad es el puente entre lo que es y lo que no es. Es la senda escarpada que conduce a lo nuevo. Es el itinerario oculto entre la causa y el efecto. Es el llanto aún no vertido, pero destinado a rociar la tierra, a fertilizar el universo con reclamos de su propio ser, con la efervescencia de su propio vigor, con las manifestaciones de su íntima esencia.

Es la paradoja infinita de que algo sea, pero al mismo tiempo pueda ser. Pues lo posible es, pero ante todo puede ser. Es y puede ser al unísono.

¿Qué viene antes, el ser o la posibilidad? Lo posible es, pero lo que es, ha de ser posible. No habría ser sin posibilidad de ser, mas no habría posibilidad de ser sin ser. La posibilidad y el ser forman un círculo, eterno como el espíritu divino. Encarnan un matrimonio indisoluble.

Sin embargo, la posibilidad también se mimetiza con el no ser. Subyace tanto al ser como al no ser, pues si algo es posible que sea, también es posible que no sea. Resplandece la contingencia, pero siempre a la luz de una necesidad fundamental: la de que algo sea o no sea, y por tanto la posibilidad de que algo sea o no sea.

En la posibilidad o en su negación hunden sus raíces tanto el ser como el no ser. El ser es posible; el no ser no es no-posible. Pero como la posibilidad abarca todo lo predicable del ser o todo lo que no puede predicarse del no ser (pues la negación de la posibilidad, su inclusión en el no ser como lo "no posible", es ya una posibilidad, sólo que negada, truncada, fulminada por los requisitos de la razón), siempre la tenemos frente a nosotros como concepto fundante y culminante, como principio y fin de nuestra búsqueda.

Porque lo posible vive con lo real en la entraña del cosmos. Es la forma que acompaña a la materia desde albores perdidos. Es lo real bajo otro nombre y otro tiempo.

Lo posible es la materia prima de la conciencia. Es el nutriente primigenio de esta reina de lo innombrable, forjadora de esa senda añorada que nos introduce en el fascinante mundo de la posibilidad pura, del concepto inerme, de la idea que humilla el cosmos, del pensamiento enseñoreado de un mundo antes hostil.

8.

Sí, conciencia, conciencia altiva, vigilia valerosa, centinela insólito.

Nueva fuerza de la naturaleza. Descubrimiento perenne. Mundo redivivo, recreado, reinventado. Cometa que surca briosamente el cielo de la libertad, aun atado a la solemne necesidad.

Como si un repentino ataque de sinceridad pudiera ayudarte a conquistar los cielos y a elevar la tierra, me confiesas que te crees destinada a dominar el universo desde tu trono de poder puro, de poder intangible, fulgor desbordante que emana de interioridades y ausencias.

Sabes que tu fe es tu verdad, tu realidad, tu profecía autocumplida.

Pero un exceso de fe te derrotará. Pues eres también mundo, mundo en crecimiento, mundo en evolución, mundo que aún no ha revelado sus genuinas posibilidades.

9.

¡Ah, deja de hablar, no profieras más palabras!

Nombres; nombres y más nombres. Qué obsesión por nombrar. Vives secuestrado por los nombres. Esclavo de los nombres. Déjate primero sorprender. Luego vendrán los nombres.

Primero comprende. Luego nombra. El concepto es más poderoso que el nombre.

Hay demasiados microbios en el espíritu, una aglomeración de sombras minúsculas que borran la visión del firmamento. Su impureza es contagiosa. ¿Por qué no desisten de atacarme y de contaminarme subrepticiamente?

Qué difícil es la simplicidad. Qué arduo es llegar a la esencia, destilando lo accesorio para captar el fundamento. Pero cuánta luz brilla en la simplicidad, en la divina simplicidad...

¡Oh, claridad en conceptos y en palabras! ¡Oh, elocuencia sublime! ¿Por qué me abandonas?

El silencio, la suspensión, el desasimiento, la *Gelassenheit*... Escuchar la levedad del silencio. Inhalar silencio. Absorber silencio. Penetrar en la morada del silencio. Fundirse con la hermosura libre del silencio, para que bañe nuestros rostros con sus olas sosegadas. Bucear en tu ser ignoto, inextenso, sutil y puro, liviano como nube pasajera.

Evanescencia, vaporosa ligereza. Emanciparse de lo mundano, del sonido, de la palabra inauténtica y del clamor confuso. Regresar a la fuente para tallar tú la nueva fuente, la flamante aurora, coronada por el sol del nuevo ser.

Ser. Un ser que se sea. Sin justificación externa, ulterior o previa.

Ser. Desnudez, limpia y sagrada. Eterno florecer de un retornar creativo, de una vuelta que amplía el origen y desvela la faz de una tierra nueva. Crisálida luminosa que te eleva a una visión profunda y noble. Espacio diáfano tejido de hilos inocentes por los que sólo fluye verdad, sencillez: el ser en su grandeza.

10.

Me instas a que deje de hablar. Pero si lo hago, un silencio aún más temible me cercará con sus redes.

Cuando tenía fe en las fuerzas celestiales, siempre era una mano descendida de lo alto la que me rescataba del sufrimiento. Lo hacía con sus promesas de eternidad. Mas hoy no tengo redención.

Son demasiadas preguntas, espiral atronadora de interpelaciones sin respuesta, hálito concatenado de misterio.

Sí, una cadena interminable que me invade y humilla sin piedad. Me despoja de cualquier atisbo de paz y autoconocimiento. Me dispersa en el seno desfallecido de mi propia interioridad. Me catapulta a mundos nuevos que me obligan a romper todo vínculo con lo que yo había considerado mi auténtica y definitiva morada.

Voz escondida, voz pura, voz profunda y amorosa: ojalá llenaras también hoy el vacío de mi espíritu con tus palabras compasivas, reflejos de una grandeza que no existe en este mundo.

11.

Definitiva... ¿Qué es definitivo en esta mente, en esta conciencia, en este mundo en perpetua evolución, en esta imaginación descontrolada, feliz en su libertad? ¿Es definitivo el fin, la destrucción, el retorno a la totalidad cósmica?

No, pues tus partículas, tu cuerpo atomizado, tu mente materializada, la cristalización de tus visiones y sensaciones..., seguirán vagando por las estancias del universo, por sus estructuras impersonales, por sus viajes sidéreos y sus inderogables simetrías, por su luz impávida, que no cesa de atravesar galaxias y de perforar sistemas.

Nada hay definitivo, salvo el universo mismo, su divina estabilidad.

Resucita el misterio de por qué el ser y no la nada.

Y tú sólo puedes ser. Pero cómo seas, cómo tu libertad moldee tu ser, sellará tu contribución al universo. Lo que añadas a esta trama cósmica. Tu destino. Tu creación.

12.

Al menos el amor te revela atisbos de esa plenitud que no encuentras en los dominios del mundo o de la mente.

Porque el amor es el tesoro más bello custodiado en el templo de la vida. Es la ofrenda más santa depositada en el altar de lo posible. Sólo él llena la laguna del dolor humano con sus aguas compasivas, serenas y claras. Bajo su fuego purificador, la sensibilidad desemboca en entendimiento, pues el amor verdadero conduce tarde o temprano al conocimiento verdadero.

El amor inunda la vida de sentido. Convierte el sufrimiento en gozo, la oscuridad en luz, el abismo en llanura, la ausencia en presencia, el destino en libertad, el ciego mundo en morada sabia y acogedora.

Y tú amas mucho; demasiado. Una abundancia de amor vibra en ti. Un exceso de fuerza. Demasiados rayos que diseminan su vigor y su viveza hacia metas inconscientes de lo que reciben.

Pero este firmamento perlado de lágrimas astrales que deseas enjugar con el paño de tu amor, ¿te corresponderá con su gratitud? ¿Te envolverá con el manto sagrado de su amor?

13.

Sólo ama demasiado quien no se teme, quien confía en su propia fuerza como alma creadora, como sensibilidad dadora, como fuente nunca desabastecida de la que podrían brotar infinitamente los arroyos de un don nuevo.

Sólo ama quien es capaz de sentir la carencia. El amor multiplica el yo en todo aquello que amamos. Al amar, renacemos milagrosamente en otras almas y en otras realidades. Nuestro yo descubre así nuevas patrias.

Una vida sin amor no vale la pena. Y yo quiero saber hasta dónde llega el poder del amor.

Luz del amor, llama divina: anhelo sumergirme en tu seno, en el manantial de la primera aurora, transparente como la verdad. Anhelo bañar la totalidad del espíritu en un agua eternamente pura.

Mas ¿cómo confinar esta sed de amor a unos pocos seres? ¿Cómo contener su grandeza en límites tan estrechos? Si el amor es tan bello y salvífico, ¿cómo no arder en la pira de todo amor posible?

Hazme contemplar en cada alma un infinito en potencia y aprenderé a concentrar mi amor. Muéstrame la luz de un amor nuevo.

14.

Tu alma, que fluye como un río resplandeciente a través del profundo valle de la vida, ¿no derramaría la claridad de sus aguas en la vastedad del mar?

¿No se fundiría con la totalidad que la envuelve?

Si en el universo hallara un atisbo de amor puro, ¿no saltaría sobre el cráter de ese volcán para convertirse en lava santa, en piadosa erupción de deseo y silencio?

Tú, totalidad latente e insumisa, me atraes y repeles al mismo tiempo. Enardeces la fuerza de mi amor, de un amor cuyas huestes ansían adorarte con toda la veneración que es capaz de desplegar un alma finita. Pero tú, poder innominado, me intimidas también con anhelos inmensos, hipertrofiado por una desmesura de aspiraciones.

Encadenada a la rueda del deseo, mi identidad orbita en torno a un centro que no deja de cambiar. Todo es mutable, todo es inconsecuente. Todo parece un eje en rotación cuya inestabilidad intrínseca muda sin piedad las estaciones de mi espíritu.

Ante esta confusa primavera se fuga de mi alma la verdadera plenitud. Voces prístinas me exhortan a erradicar el deseo, pero yo siento el deber de purificarlo, de elevarlo a un horizonte más auténtico, más dulce y armonioso, que purgue mi fragilidad y sane mi temor.

Sólo un deseo profundo revelaría a mis ojos el significado de lo posible. Sólo un anhelo proyectado a lo infinito, a la copiosa fuente del destino.

15.

¿Acaso soy capaz de ensanchar mi espíritu hasta encontrarme en lo ajeno, tú que todo lo humillas y trasciendes? ¿Podría alguna vez decir la mente humana que ha agotado un átomo de tu comprensión?

¿Qué quieres de nosotros? ¿Cuándo nos darás la bienvenida al reino de la verdad pura y grande, evocadora y resplandeciente? ¿Hasta cuándo y hasta dónde nos mantendrás en este peregrinaje desconsolado por las sendas de la vida y del saber?

Hay algo en mí que clama por un amor nuevo. Algo insondable, algo demasiado noble para la imaginación. Es la santidad de un destello que titila con gozo en el seno de mi alma, convertida en refugio de astros y de universos que se transfiguran en anhelos puros.

Una luz flamante intenta brotar bajo el rostro de esta ansia incontenible. Me extasía la belleza de una idea que suspira por elevar al hombre.

Pues yo amo los misterios, los relámpagos que amagan con irrumpir en la serenidad de las tardes de estío. Yo amo los velos, porque amo romper el disfraz de los enigmas.

Amo lo oculto, porque transparenta un desafío. Y quien aspira a transformarse en su mayor desafío no puede temer lo que ahora yace oculto. En todo lo escondido atisba el reflejo incorruptible de una luz nueva.

Amo descorrer el manto de las apariencias, y no me asusta encontrar aún más apariencia, un feroz abismo de nuevas apariencias concatenadas en la secuencia infinita del ser, cuya realidad es también su apariencia.

Amo a quienes guardan celosamente la gran verdad oculta tras nubes de desconcierto.

Amo los arcanos, porque amo la vida, y vivir es buscar, es sumirse en la divina turbación de quien abandona el letargo del espíritu y se aventura a encender una luz inexplorada, un estupor que devore la oscuridad de este mundo.

Amo lo desconocido, porque estoy hecho para buscarlo.

16.

¿Qué haría yo sin ti, luz radiante, flor eternamente bella, astro siempre inspirador?

Con qué elegancia te yergues sobre todos los cielos, majestuosa luna llena. Eres aún más sublime cuando tu resplandor ilumina las aguas calmadas de un lago sigiloso.

Tus líneas prefiguran el infinito. Tu reflejo evoca lo inalcanzable. Como ensoñaciones santas, las gentiles formas que te envuelven simulan acariciar el vértice intangible de la perfección. Desde tus puntos, los perfiles escondidos divergen hacia lo ignoto. Son agujas proyectadas a la noche cósmica.

Pareces recoger y magnificar todas mis ansias e inquietudes; pareces absorber todo lo que imagino cuando me cortejan deseos imposibles. Me diriges una mirada ardiente porque anhelas preguntarme algo. Brillas porque quieres que me eleve a ti.

Ante la hermosura de tu misterio, cualquier sueño se convierte en realidad. Todos los deseos del hombre amagan con nacer en tu seno.

Luego te atraparé. Mi mano es pequeña pero ambiciosa, y me abrazaría a ti para robarte todos tus secretos.

Ahora necesito seguir sufriendo. Sólo cuando culmine esta vía dolorosa regresaré a mí mismo, a las fuerzas elementales de mi conciencia, a la matriz de toda felicidad y de toda paz, que es el conocimiento verdadero. Entonces me sobrepondré a esta fatalidad intempestiva. Entonces superaré mi destino.

Aciago es soñar cuando se sufre, porque incrementa el sufrimiento con un deseo aún mayor. ¿Podría siquiera aspirar a lo infinito, si no soporto lo finito?

Mas sólo cuando este humilde sentimiento de carencia me impulsa a afrontar los desafíos del mundo y el reto de lo humano camino por fin libre, libre en mi flaqueza, libre en mi búsqueda.

17.

Llama sagrada del saber, eterno y dorado tesoro que enriquece a la humanidad con los resplandecientes rayos de su cofre: sólo tú entiendes cuánto te he amado.

Cuando de niño corría por tus jardines místicos me prodigabas las flores más hermosas y propiciabas que jamás se marchitase mi entusiasmo. Despuntaba la luz de un sentido profundo e inagotable, y la vida parecía encaminarse a un horizonte de plenitud.

Entonces cantaba al son de tu música angelical. Cuantos más dones brotaban de tus entrañas, más anhelaba continuar inmerso en la senda enaltecedora de tu búsqueda.

Poco me importaba que todas tus ofrendas fueran siempre finitas y caducas, ráfagas de relatividad, y que cada nueva respuesta enardeciera una cadena infinita de preguntas.

Todo me elevaba al cielo de mis aspiraciones. Todo me colmaba con la satisfacción más pura. Exonerado de la sombra del absurdo, marchaba sin temor hacia un futuro luminoso.

¡Cuántas veces no ansié reconciliarte con mi deseo y mi fantasía!

¡Cuándo no suspiré por tu reflejo, que para mí traslucía todo aquello que nos salva de nosotros mismos!

Tú me has bendecido con los mayores deleites que un hombre puede concebir. Sólo con recordar el éxtasis que alcanzaban mis deseos cuando pensaba en ti me sobrecogen escalofríos celestiales.

Tú, cadena áurea que todo lo vinculas pero que todo lo ocultas, me has llenado de fascinación. Sin embargo, hoy no puedo admirarte más. Ya sólo me inundan áridos pensamientos que inhiben mi fuerza más íntima.

Todo el amor que sentí por ti torna ahora en sufrimiento. Un dolor acuciante coloniza el espíritu. Mi llanto borra los vislumbres de felicidad que un día me otorgaste, porque el saber ya no justifica mi vida.

18.

A ti que te recreas en tu imposibilidad, a ti que yaces entronizada en el cómodo cielo de quien se sabe inexpugnable e invisible: es a ti a quien me dirijo. Y es a ti a quien entono también hoy mi canto, pues no podría vivir sin cantarte.

De tus dulces pechos bebería mi alma el secreto de la vida, amamantada por la claridad de un amor verdadero.

Bajo este cielo hechizante e infinito, dame de beber lo que no tiene nombre.

Dame de beber el nombre prohibido del deseo profundo, del deseo que me busca, del deseo que quiere crearse a través de mí, de ese misterio que rutila sin temor sobre la hondura de mi espíritu.

19.

Amas tanto la soledad que deseas compartirla. Deseas enseñar que sólo quien pierde el temor a mirar en el fondo de su espíritu y a penetrar en el reino de su soledad creadora puede ayudar al hombre.

Sólo quien ha buscado en las aguas abisales de la conciencia sabe que crear es sufrir, y que este sufrimiento es en realidad una dicha divina, el castigo que es premio, la cruz que es también gloria, la tristeza abrazada a la alegría, el destino de quien está llamado a erigirse en un dios en potencia, gozoso en su libertad.

Sólo cuando sondeas la inmensidad del mundo desde el trono de tu soledad intrépida, ávida de crear un mundo a imagen y semejanza de su soledad, puedes convencerte de que en ti late una pulsión infinita, un universo en el universo, una llama que sólo un dios podría apagar.

Sólo quien no teme su soledad puede atreverse a buscar la verdad con pureza de espíritu. Porque el camino es demasiado arduo. Está reservado a corazones rebosantes de honestidad, dispuestos a sufrir las consecuencias de pensar por sí mismos, de enfrentarse al grito ensordecedor de las demás voces y de resistir el viento helado de la mentira.

Sólo quien se crucifica libremente en la colina de su soledad puede ascender a lo más alto, y desde allí contemplar la mayor de las profundidades con los ojos más sublimes, pues su alma ensangrentada desprende amor, el amor de una entrega a lo incondicionado.

Sólo entonces respira nuestro ser una brisa vivificadora y logra desprenderse del temor al mundo.

Sólo entonces se compadece de lo que hay abajo y lanza una mirada redentora a las profundidades; ante desfiladeros terribles, sí, tan terribles como la hondura de nuestro propio espíritu, a la que sólo unos pocos osan acercarse.

Sólo entonces despunta el auténtico fulgor del alma.

Pues sólo quien ama la soledad puede alumbrar un gran pensamiento, y recoger en su vaso las lágrimas que brotan de un corazón sincero.

20.

Nada hay más temible que uno mismo. Asomados al precipicio de una mente capaz de crear lo más oscuro, todos podemos despeñarnos por la sima de lo más horrendo y tenebroso que llega a surgir en la naturaleza.

Todos pendemos de un hilo invisible, pero sólo en el refugio de una soledad creadora podemos buscar el amor más bello, el amor que aspira a amar lo que nadie ha amado nunca.

21.

Mi yo escondido: tú me contemplas desde una instancia demasiado profunda; tú me conoces mejor que mi propia conciencia; tú sabes en qué abismos me hundo y a qué cielos puedo ascender.

Tú sabes que abrazaría todas las auroras y todos los ocasos, que ascendería y descendería como el sol, y otearía sin miedo lo que está más allá de toda aurora y de todo ocaso, lo que apunta a una verdad demasiado pura, a una verdad que es creación.

Pues admiro a quienes no temen crear, a quienes vuelan tan alto que comprenden los límites de lo establecido y se lanzan por amor a construir lo que nadie imagina; porque construir es la meta de todo amor profundo, y los ojos que el amor llena de lágrimas están más cerca de una luz creadora.

Sí, por amor, por amor al hombre y a su destino se esfuerzan en superar lo dado, y con ojos amorosos se dirigen al futuro.

22.

¡Oh misterio que todo lo envuelves, profundo e insondable, hogar de mi auténtica búsqueda!

Preservas tus maravillas en un espacio imperceptible a los sentidos externos, para que sólo el ojo interior pueda contemplarlas, y deleitarse con su dulzura.

Si me alejo de ti, vuelvo a ti; si suspiro por alcanzarte, te afanas en distanciarte.

¿Quién eres tú, que siempre contradices mis deseos y al mismo tiempo los elevas a una dimensión desconocida?

¿Cuál es tu nombre, impulso inescrutable que me atraes y repeles con ardor y angustia?

¿De dónde brotas, fuerza incapturable cuya voz golpea las puertas de la voluntad, exhortación incesante a descubrir y a trascender?

Tu verdad es tan profunda que del dolor extrae belleza, es tan luminosa que llena el oscuro abismo de la incomprensión.

Como un rayo dorado, inauguras mundos que llaman a nuestro espíritu creador, y colmas nuestro esfuerzo con los resplandores de un infinito que siempre nos supera.

Me basta intuirte para amarte, sentirte para reconocerte, anhelarte para abrazar tu luz recóndita.

Tus reflejos son inquietantemente hermosos. Como fulguraciones de mundos perdidos, me sobrecogen bajo tu bóveda de majestad y plenitud.

23.

Tú que brillas sobre todas las almas y derramas tu luz en quien está preparado para recibirla, ¿quién podría vislumbrar tu grandeza?

¿Quién podría consagrar este amanecer como el más bello de la creación?

¿Quién conoce los límites del mundo?

¿No emerge un horizonte siempre más grande allí donde el orgullo humano creía haber tocado las fronteras de lo posible?

¿No se alza siempre el infinito ante nosotros?

Como un rayo inagotable, lo que es y lo que puede ser renacen con la resplandeciente aurora, para gloria de lo eterno.

Quien bebe en sus fuentes nunca se sacia, y degusta el más hermoso de los dones: la luz de un futuro abierto, ávido de nuestra entrega y de nuestra valentía.

24.

Ahora, en la sagrada noche del espíritu, todas las conciencias parecen fundirse en una sola.

Todas las conciencias parecen intuirte, y sentirte, y amarte al unísono, porque ninguna puede dejar de perseguir tu luz.

Suenan himnos eternos, himnos sapienciales que enaltecen las alas del hombre por encima de intereses espurios y ansias de poder.

El búho de Minerva emprende el vuelo hacia el infinito, y la luz de sus ojos ilumina un camino oculto: el camino de los que buscan la verdad más allá de ruidos e imposiciones.

Es la hora de la libertad, que anticipa el amanecer más puro, el alba de los que no renuncian a encontrar lo incondicionado, el límite inasequible pero inexorable, donde muere lo viejo y nace el destino.

VI. LA CONCIENCIA DEL FUTURO

1.

Todo resplandece. Todo es puro ante mi alma.

Ahora te presiento, divinidad escondida en mi conciencia de futuro, espíritu al que elevo mi canto y mi deseo de trascendencia.

Como una luz invisible renuevas mi corazón en los instantes más dolorosos, sustancia invisible y omnipresente que todo lo permeas.

Visión entrelazada al mar de mis aspiraciones: yo te intuyo, pero no te comprendo. Como un arroyo intangible fluyes por los meandros de mi alma y bañas suavemente sus orillas, áridas y escarpadas.

No necesito creer en ti: te contemplo, mente insondable que en mí evocas el reino infinito de lo posible.

Dios, naturaleza, pensamiento…; poco importa. Tú mueves los confines del mundo y todo lo dotas de inteligibilidad. Tu voluntad es tu razón, pues tú desafías cualquier nombre y sólo apelas a una experiencia pura. Tu ser es ya amor, amor infinito, pues de tu ser todo nace y a él todo regresa.

Tú, signo de un amor eterno que todo lo reconcilia y supera, me descubres a mí mismo en mi flaqueza y en mi anhelo. Cuando pienso en ti, vestigios de una armonía incognoscible me envuelven con sublime fulgor.

Basta con que renuncie a mi individualidad para fundirme en el vasto ciclo de la naturaleza. Todo lo que ha sido, es y será comparece ahora ante mí, encadenado a mi dolor en la estela del fundamento. Mis lágrimas vivifican un universo capaz de asimilarlas.

La indómita naturaleza muestra todo su poder y toda su exuberancia a este pobre retoño de sus pechos celestiales.

Toda la gloria del género humano palidece ante cualquier atisbo de este mundo incomprensible. Lo que antes me atormentaba ahora me seduce, y lo que antes se precipitaba sobre mí como una losa imponente acude ahora en mi rescate.

¿Qué es un minuto del hombre ante una eternidad de proyectos cósmicos? ¿Qué obra tallarían las manos de la humanidad en esa duración inimaginable? ¿Puede el hombre producir algo más grande que vuestro misterio?

No eres algo arrojado al mundo; eres partícipe de una historia, de una lucha, de un deseo. Siente y vive esa comunión con el pasado y con el futuro a través de un presente lleno de posibilidades, de un presente destinado a crear.

2.

Círculos lechosos conspirados en la lejanía, ¿por qué flanqueáis el astro que no cesa de interpelarme en mis noches de tristeza?

¿Qué escondéis tras esa iridiscencia que me traslada a un mundo nuevo, viejo y flamante al unísono, pero eternamente creador?

¿No ocultáis algo sagrado, algo demasiado puro, algo que me iniciaría en los misterios más profundos a los que puedo aspirar?

Vosotros sois los velos temblorosos que todo hombre quiere rasgar. No temáis confesarme vuestra angustia, ni revelarme esa verdad que no puedo encontrar por mí mismo. No temáis abrazar mi dolor con la sabiduría de vuestras lágrimas, fuente de vida y juventud.

Sé que sufrís en ese silencio inveterado. Pero sé que en vosotros vibra la respuesta al desgarro de mis dudas. Porque vuestra flecha me traspasa con dulzura. Sois el océano cósmico donde todas mis inquietudes se humillan, el espejo bruñido por la fuerza del recuerdo.

3.

Aun en lo oscuro hallo siempre luz. Hay demasiada fuerza en mi alma. Una luz demasiado bella despunta en sus profundidades, y sueña con alumbrar todos los cielos.

Alma extasiada con las vivaces luces de la noche, ¿no anhelas acariciar las estrellas con tus manos lívidas?

Augurio lánguido de un sueño imposible, pero tan necesario como la contemplación del cielo, vasto y silencioso.

Hogar de inmensidades que trascienden todo nombre, impulso irresistible a consagrar la mente a lo profundo.

¿No sentía lástima de tener que pisar el polvo de la tierra?

En el inagotable espectáculo del mundo, sucesión ininterrumpida de luchas y cooperaciones, entrelazamiento de vida y muerte en una cadena que no puede permitirse el descanso, me entrego a ti, luz amorosa de un firmamento enmudecido, lágrima de lo eterno vertida sobre esta bóveda al unísono oscura y luminosa.

En tu belleza querría reflejar todo mi ser. Pues toda voluntad y toda inteligencia aspiran a ti, que todo lo has contemplado con la intensidad de una mirada valerosa.

Sólo a ti, belleza, porque si he caminado ha sido para buscar la verdad de la belleza, que reside en el equilibrio. Y presagios gozosos verdean en un alma fascinada por la belleza, por una belleza apiadada de nuestra sed de sentido. Serenidad y paz de espíritu amanecen en un alma pura, que se deja conquistar por la belleza.

Demasiado poderosa es la belleza. Su flecha se clava con facilidad en el corazón y hace que fluya una sangre nueva.

Pero aún más poderosa es la verdad. No es la palabra bella la que más conmueve el alma, sino la palabra verdadera, una palabra tan nítida y refulgente que el mismo cielo desearía escucharla. Di algo verdadero y llegarás a las almas más profundas, a aquellas que saben amar la reflexión.

4.

¡Ya rocías mi rostro con tu noble verdad, brisa divina y vivificadora, manantial que se derrama copiosamente sobre el anhelante cáliz de mi espíritu!

Pues sólo quien aprende a amar sus lágrimas puede convertirlas en arroyo de vida, en flujo creador destinado a fundirse con el gran océano de una sabiduría profunda.

Y ¿quién no querría derramar una lágrima que condensara todo el llanto de la humanidad, una lágrima tan pura que ella sola recapitulase todo el dolor posible?

No he venido a traer fuego, sino agua, un agua demasiado pura, porque está hecha de lágrimas. Todos los que vengan a mí tendrán que beber esa agua si quieren entender mis palabras. Sólo el llanto les enseñará a comprender su significado.

Mis palabras son conciencia para el que no la tiene. Son dolor para el que no sufre. Son belleza para el que no sabe apreciarla. Son esperanza para el que se ha despojado de toda fe en sí mismo.

Mis palabras no son mías. Son de todo hombre que aspira a buscar, y que sólo proclama la búsqueda creadora como meta suprema del espíritu. Mi doctrina es mi búsqueda, y es a la mente humana a quien yo elevo mi súplica y mi corazón, enamorado de la libertad y abierto a lo que aún no conoce.

5.

No temas tu destino. Abrázalo y adueñate de él, para forjar con audacia lo que ha de surgir. Pues larga, frustrante y enigmática debe ser tu senda; si todo fuera comprensible, ¿cómo palparías la incomprensión?

Hazme fuente incesante, fuente que no renuncie a compartir sus lágrimas con cuantos tienen sed de un llanto honesto.

Sólo quien aprende a reconciliarse con sus lágrimas puede amar la vida. Mas ¿de dónde brotarán las lágrimas futuras, sino de la conmoción ante lo que no puede ser?

Si el río de mis lágrimas llenara un nuevo océano, si el vacío de la incomprensión fuera reemplazado por la plenitud de quien crea un mundo con su propio llanto, me sentiría un dios.

Como hermosas cascadas nacidas en montañas resplandecientes, esas lágrimas descenderían por las laderas de una sensibilidad demasiado profunda, demasiado divina.

La cima sería la copa capaz de recoger sin temor las lágrimas del cielo, el llanto eterno de lo invisible, ansioso de anegar la sequedad de este mundo, para desbordar lo que ya existe.

Toda alma podría beber de la fuente de un amor puro. Mi amor sería mi fuerza, porque quien busca rebosar de amor busca rebosar de vida.

Si no hubiera suficientes estrellas en el firmamento para iluminar el abismo de mi alma, una única lágrima verdaderamente pura apagaría el dolor de mi soledad.

Y yo suspiro por una fuente tan profunda que ni los dioses podrían escrutarla; por una fuente que es espíritu, espíritu humano, espíritu sediento de amor. Pues ¿qué es el espíritu, sino el sueño de una libertad creadora?

6.

En la fría noche del sinsentido, todo silencio se transfigura en una melodía sublime. Parece proceder de un arpa tocada por lo eterno, bajo la tierna mirada de alados querubines que todo lo contemplan con espíritu benevolente, testigos de que la luz siempre vence a la oscuridad.

Es la voz de Dios. Es el dios incognoscible que eleva y reconcilia razón y sentimiento.

Por cauces inconexos he desembocado en una misma meta. He encontrado mi búsqueda y mi creación. He tallado mi destino, he alumbrado mi deseo.

Toda forma y toda imagen transparentan ahora lo que en realidad ansío. Su nombre es demasiado profundo como para que alguien lo pronuncie.

Amanece mi felicidad verdadera, mi ansia redimida por un reflejo tenue de su cumplimiento.

Infinitos son los caminos de la tierra, porque infinitas son las posibilidades de quien busca y se crea en su búsqueda.

7.

Es salvación lo que ahora me concedes, noche inefable que meces mi corazón. Por fin iluminan mi espíritu los versos del sabio: «*Él creó el Amor, el más antiguo de todos los dioses*».

Toda tu alma es bella, porque la luz del amor baña cada uno de sus resquicios. Lo que antes creía oscuro ahora brilla como una corona centelleante; lo lóbrego se aclara y lo oculto se manifiesta. Tal es la fuerza del amor, que todo lo cubre de promesa y hermosura. Y yo quiero amar hoy con un amor nuevo.

El amor me susurró con ternura: «cuando flaquee tu fe en la vida, siempre encontrarás refugio en mí. Yo soy eterno. Todo lo demás pasa, pero el amor permanece, porque el amor es fuente y destino, y en él todo se crea y renueva. El amor es el dios que buscan los hombres. Ante él, todo se hace infinito. Ante él, todo se hace verdadero. Amar la vida y el saber es el horizonte del espíritu».

Bajo el cielo resplandeciente del amor, ¿no cobra todo sentido? ¿No resucita la humanidad, no se abre el mundo y se ensanchan los espacios? ¿No se ennoblece el tiempo y se elevan los deseos?

La luz del amor es ya la vida eterna. Irradiada desde refugios inmortales, su fulgor es bello entre lo bello.

Bienaventurados los que aman aun sin ser amados, porque hacen algo grande en la pequeñez del mundo.

Alabado sea el amor, que nos llena de futuro.

8.

Cuánto tiempo he perdido buscando en lugares erróneos lo que ahora rebosa de claridad. Se trata de una claridad libre y expansiva, que con sus sagrados haces cubre todo cuanto yacía oscuro. Pues el poder y la belleza de una gran verdad llenan de luz el alma, ¿y no es mi alma un eterno suspiro de luz?

Todas las luchas del hombre plantan la semilla de un futuro que nos acerca a nuestro destino, al reino creador.

Es el amor que ahora llama a las puertas de la conciencia; el amor a la libertad y a la creación, el amor que se trasciende en un amor aún más profundo.

Vislumbro un amor que jamás se diluiría en las entrañas de la tierra.

Sólo existe el amor allí donde uno se ha sincerado consigo mismo. Sólo cuando lágrimas honestas han bañado este mundo y este espíritu puede descender un amor verdadero, un amor hermanado con el conocimiento: el amor de quien conoce y no sólo siente.

9.

Cuando los sentimientos de infelicidad consumen el círculo de tus ansias, sólo hallas consuelo en el vocablo "amor", que desafía todas las definiciones.

Pero ¿acaso has entendido la naturaleza del amor? ¿Quién sabe qué es el amor? ¿No es el amor el destino de nuestra ignorancia, la luz que siempre anhelaremos y que nunca comprenderemos?

Ni un dios ni un hombre escrutaría nunca la naturaleza del amor, porque el amor es dios entre los dioses y hombre entre los hombres. El amor es más que un dios o que un hombre.

No te equivoques: no todo merece tu amor, aunque todo merezca ser conocido por el hombre.

Aún no has comprendido que el amor verdadero sólo puede brotar de un conocimiento profundo, desasido de temor y angustia, objetividad que enaltece nuestra subjetividad. Se trata de un amor que no busca poseer, sino entender; no adueñarse del otro, sino elevarlo a un nuevo cielo.

Todavía confundes amor con emotividad. Entrégate a conocer las causas de las cosas y las posibilidades de la mente para sondear la naturaleza del amor verdadero, que es hijo del conocimiento verdadero. Entonces penetrarás tímidamente en la naturaleza del amor, como quien se inicia en el más sagrado de los misterios.

Sin embargo, antes debes rasgar el velo de tu ignorancia. La gloria del misterio auténtico, del misterio más profundo y venerable, no puede ser incompatible con el afán de comprenderla. Entender es más importante que sentir, aunque el sentir siembre la semilla de un nuevo entendimiento.

Hay quienes buscan reductos de ininteligibilidad para preservar caducos monopolios con ideas engañosas y jergas vanas. Adoran lo absurdo. Claudican ante la oscuridad porque reniegan de la luz que desprende una conciencia sincerada consigo misma.

Serán desalojados por la claridad de la razón. Ella nos ayudará a admirar la belleza del universo sin renunciar al anhelo de comprensión.

La mística genuina, el sentimiento honesto de fervor y gratitud hacia el mundo y hacia todo lo que nos rodea, brota de la comprensión y del deseo de conocer, no de la sumisión intelectual a fronteras supuestamente infranqueables.

Pues ¿acaso se puede conocer algo sin amarlo, y amarlo sin conocerlo?

10.

¡Oh tú, ser inmenso!, ¡oh tú, reverberación de lo que no comprendemos!, ¡oh tú, que siempre desafías a quien codicia penetrar en tus moradas!

Yo mismo me había robado la paz interior. Había usurpado la fuente de mi paz imperturbable.

Pero esta noche, en esta prueba inusitada, has diseminado por el seno de mi espíritu una sabiduría perennemente nueva, que me une a la humanidad y a su búsqueda.

Es mi renacimiento, hermosa palabra, evocación de posibilidades continuas, vuelo que no cesa de otear sueños y realidades para dar rostro ostensible a la esperanza, acrisolada en el horizonte de lo que ignoramos.

Ha merecido la pena esta angustia, yacer en este lecho presidido por arcos conopiales cuyo impulso flamígero prometía elevar mi alma al más bello de los cielos.

Mi noche oscura es ahora mi camino hacia la verdad, esencia eterna que no fluye, reino en el que se besan mi libertad y mi destino.

El amor verdadero nace de la comprensión verdadera. Del árbol del entendimiento surge el fruto del amor. De la verdad brota la unidad. Porque el amor verdadero es comprensión verdadera; su luz recoge el entendimiento más profundo.

Arropado por esa claridad, el ciego impulso cede ante el Amor, ante el divino Amor, como la noche cede ante el día. Desposados, el amor y la libertad se abrazan en un mismo espíritu.

Sobre las ruinas de la ignorancia se levanta la gloria del Amor.

Y yo quiero amar mucho porque quiero comprender mucho.

Quiero amar mucho porque quiero llegar al fondo de lo humano.

Quiero resucitar amores perdidos y comprensiones ocultas.

Quiero contemplar la multiplicidad del mundo, franca y resplandeciente, que con sus alas infinitas surca todos los espacios de lo real y de lo posible. Y quiero hacerlo libre de intromisiones y prejuicios. Porque la multiplicidad es el espejo de la unidad.

Quiero explorar el destino del amor, y aventurarme por la senda no transitada.

Pues yo amo la vida, y amo al que ama la vida y el saber, no al que los desprecia. Yo hablo para los que se enorgullecen de ser hombres, y sufren con el hombre, y por ello aspiran a enaltecer al hombre hasta una cima nueva.

¿Acaso no podría amar la vida, esta vida, este despliegue de días y noches capaz de disponer ante mí el gran sol de la belleza verdadera y del saber profundo? ¿Cómo podría rehusar la pureza luminosa de sus rayos, yo que busco lo último, lo que justifique toda esta cadena de causas lanzada a los abismos?

11.

Sólo sé amar a quienes se atreven a crear por sí mismos su propio comienzo, su propio mundo, su propio ser, abierto a lo posible. Ante ellos tiemblan todas las oscuridades del universo, porque su luz es demasiado pura.

¿En qué alma amanecería un poder tan profundo, tan sobrecogedor: el poder de crear? ¿Quién podría inaugurar tantas auroras y cerrar tantos crepúsculos? ¿Qué espíritu podría emitir y absorber tanta luz?

Sólo un espíritu que no temiera mirar cara a cara al infinito, al mundo de mundos, ante cuya grandeza todas las grandezas palidecen.

Sólo un espíritu que quisiera convertirse también en corazón.

Sólo un espíritu profundo y verdadero, sólo una mente que abrazara la sensibilidad y no temiera bogar por la vastedad de su océano embravecido.

Sólo quien no teme la claridad puede aventurarse por un mundo colmado de luz.

Y yo amo todo lo que desprende luz, todo lo que irradia comprensión.

Yo quiero ser luz, y llenar el vaso de mi espíritu con la luz más pura jamás esparcida por el universo. La luz de un saber verdadero, profundo, universal. La luz de un saber bello, pero imbuido de una belleza osada, que haya descendido también a los abismos antes de ascender al reino de la luz. Una belleza creadora de una belleza aún más bella; la plenitud de una belleza que no tema superarse y deslumbrarse.

12.

Sólo quien busca albergar un deseo superior al del hombre puede en verdad amar al hombre.

Tanto como para desbordar las fronteras de lo humano y atreverse a vislumbrar lo puro, el cielo luminoso de profundidad infinita, brillante como una nueva e inmarchitable primavera.

Allí palidecería nuestra voluntad, acongojada ante la voluntad inmensa de un ser que sólo se tiene a sí mismo.

Sólo la lluvia resucitadora de ese deseo asperjaría mi alma con el hisopo de un dios gentil.

Sólo una generosidad divina estaría a la altura de mi deseo.

Sólo su mano dadivosa me otorgaría el regalo inasequible a este esfuerzo finito.

Pero sólo lo finito merecería alcanzar lo infinito.

Sólo quien aprecia su finitud puede aspirar a la infinitud.

Sólo quien ha aprendido a amar lo finito puede asumir la pesada carga del amor a lo infinito.

Un deseo superior sería simultáneamente más universal y más profundo; un deseo puro, saciado de equilibrio, pulcritud y hondura. Él solo abarcaría todos los deseos y se hundiría aún más en las fuentes del deseo.

Dame deseos más puros, superiores: deseos sobrehumanos. Haz que mi deseo sea de amor.

Pues si hay en mí demasiados sueños, sueños que zarpan misteriosamente hacia lo desconocido, déjalos navegar en el mar infinito de la noche.

13.

Un universo de suspiros y lágrimas, el diluvio de lo infinitamente bello y de lo infinitamente horrendo, de lo colosal y de lo minúsculo; los opuestos más salvajes que quepa imaginar, ¿no trenzan la corona de esta vida?

Pero estoy cansado de estos opuestos. Me aburren estas contradicciones. He de superar lo que ahora se enfrenta y soñar con lo que se enfrentará en el mañana. He de llenar con puentes de oro el espacio que separa el cielo y la tierra, para unir lo distinto.

Enlazado a una totalidad contradictoria, ahora percibo el sentido de la existencia: profundizar en la contradicción, seguir tallando el rostro de lo imposible desde el cuerpo de lo posible.

Crear, aliento insuflado por el amor a lo infinito.

Y la forma más pura de libertad es la que se entrega a crear lo imposible.

14.

En tu abismo de infinitud querría encontrar la sabiduría más elevada. Pero ¿cuál es esa sabiduría?

La sabiduría que cae sin miedo a lo profundo.

La sabiduría que no teme sondear lo que hoy desprecian los sabios.

La sabiduría que crea su propio saber.

La sabiduría que brilla en la pureza de su búsqueda.

La sabiduría que se funde espiritualmente con una totalidad viva, anticipo de un reino invisible.

15.

Yo debo ascender a mi aurora, a la aurora de mi creación. Yo sueño con la aurora que no se hunde en su ocaso, sino que brilla en este y en todos los mundos.

En ella todo será profundo y recóndito. Todo estará velado por un exceso de luz y de transparencia. Su claridad divina disuadirá a quienes sólo comprenden lo que es oscuro.

Y al soñar que me baño en las aguas de un mañana luminoso, siento que por fin he acariciado lo imperecedero. Siento que el rostro supremo de la vida al fin se revela ante mí, ansioso de luz y de creación.

16.

Cuán hermoso es este presagio que se apodera de mí. Me envuelve con su magia. Lleno de amor y deseo, irradia una luz especial, bella y plateada como el reflejo de la luna sobre las aguas sosegadas de un estanque.

Un ángel de claridad me inunda de alegres intuiciones, tan generosas, tan suaves, que me elevan sigilosamente a un cielo de plenitud, suspendido mi espíritu en su burbuja de intangible terciopelo. Armoniosa y hechizante como el movimiento de un cisne, la delicadeza de sus formas me subyuga. De ella fluye consuelo para un corazón entristecido.

Devorado por una sed sincera de amor, de un amor consagrado con el tierno beso de un alma pura, me reconcilio con lo profundo, con lo auténtico, con lo que tiene valor por sí mismo.

Cesan todos mis tormentos. Ya no necesito navegar más, ni volar en busca de lo insondable. Con agilidad divina, con el ala ingrávida de la honestidad, sube mi alma a esa morada que resplandece más allá de todos los anhelos, embriagada por el más dulce y penetrante de los aromas.

¿O acaso es el cielo el que desciende ansiosamente a mi alma? ¿Quién asciende y quién desciende en este horizonte, aureolado de misterio y posibilidad? ¿Quién sabría distinguir lo alto y lo bajo, lo celeste y terreno, allí donde todo apunta a una profundidad infinita? ¿Tiene bordes lo infinito? ¿No se consume todo en esta infinitud?

17.

Es en lo alto de la montaña donde yo busco la fuente de esa sabiduría que desciende cual arroyo de oro, hasta irrigar la tierra con su resplandor.

¿Acaso no busco en el lugar erróneo? ¿No pretendo intuir aquí el poder de un arte libre y de una belleza creadora, la fascinación sincera ante la grandeza de la vida, junto a cumbres enrojecidas por el hermoso sol del ocaso, epílogo de sensaciones que sólo puede embelesar una imaginación pura?

¿Es en lo alto o en lo profundo donde ha de brotar esa luz que me embargue, posea y eleve?

¿Qué son lo alto y lo profundo en este gigantesco círculo que es el ser?

¿Lograré salir de este entrelazamiento universal, absorto como estoy ante el vivo carmesí de una rosa que esconde nuevas cruces?

¿Quién me ayudará a crear lo que sólo avanza, lo que irrumpe intrépidamente en el espacio nuevo, lo que se atreve a superar todo horizonte porque ama lo posible, porque ama lo nuevo, porque ama lo que puede revelarnos aún más rostros de este infinito?

¿Quién reconciliará auroras y crepúsculos, cimas y valles, estrellas y abismos?

¿Quién contemplará el universo como un todo, y desde esa totalidad sobrecogedora se lanzará a crear un nuevo mundo?

Sólo un espíritu creador, que salte sobre lo desconocido y alumbre un mundo nuevo.

18.

¡Oh necesidad! Deja que te abrace con un amor nuevo, con un amor creador, con un amor que te libere de ti misma.

Pues te consumes en tu autosuficiencia. Me compadezco de ti, porque ya no puedes aspirar a algo más alto, más sublime, cuando aquí en la tierra yo sueño con engrandecer mi alma hasta alcanzarte, bajo el radiante cielo de quien cree en sus posibilidades.

Deja que te lleve al luminoso mundo de mis sueños, al horizonte divino de una voluntad pura.

Deja que crea en tu sacrificio venidero, en tu inmolación en el altar de un futuro libre y creador, deseo de dioses.

¿No brillas demasiado alto, entronizada en tu soledad y en tu silencio?

¿No sientes melancolía por vivir tan alejada del ruido y de la oscuridad?

¿No es agotador tener que soportar tanta altura, tanta luminosidad, tanto poder?

De la tensión entre la luz y su ausencia emergen maravillas insondables. El espectáculo de la belleza más pura nace de una tensión creadora, de una percepción de carencia y necesidad.

19.

Parece que me buscabas, sombra de lo infinito. No te alejes. Deja que me lance a ti, pues sé que la caída será indolora. No podría causar dolor aquello que es infinito y sólo ofrece luz.

Las imágenes de mis sueños más sinceros cobran vida en tu espacio remoto, anegado de verdad y posibilidad.

Podría caer eternamente sin tocar ningún suelo. Todo evocaría un cielo brillante y armonioso, un universo de inagotable elasticidad que amortiguaría toda caída con el suave soplo de su amor, repleto de ternura; una aurora tan deslumbrante que absorbería todo el dolor del hombre.

¿Qué alma no renacería bajo semejante efusión de luminosidad, bajo el púrpura de su divino centelleo?

Ante la santidad de esta belleza, siento la inspiración a crear, a saltar sobre el abismo, a recorrer sin el yugo del temor el camino que me separa de una verdad en movimiento, de una verdad que se crea al comprenderla.

Su reflejo eleva mi alma con un impulso consagrado por el amor; con un impulso tan bello que es éxtasis, que es ya manifestación de una fuerza eterna, que es ya el destino llamando a mi morada más profunda. Es el eco de potencias celestiales, el icono de un horizonte al que podemos y debemos aspirar.

La fe en la pureza de este impulso me llena de paz. Sus alas me liberan de la pequeñez del mundo y me ensalzan al hogar de la verdad.

No penetremos solos en esa aurora. Un único individuo no puede resistir tanta efervescencia y tanta luminosidad.

Sólo una humanidad conseguiría caminar bajo la cascada de luz que desprenden sus dorados y vigorosos rayos.

20.

Entre montañas escarpadas y valles frondosos que definen la altura, la profundidad y la exuberancia de un espíritu creador, yo hablo al hombre, al alma que surge de todas vuestras almas, a la posibilidad universal que trasciende vuestras posibilidades, aunque brote de ellas.

¿No busco una sabiduría demasiado honda para el hombre?

Con sólo pensar en esa aurora se estremece mi espíritu. Nadie soportaría tanta brillantez. Debería transformarme en un dios.

Pero ¿es este mi deseo? ¿Es este el deseo de quien está hambriento de lo que no tiene nombre? ¿Cuál es mi deseo?

Mi deseo es rescatar de los fondos marinos el pecio que contiene todos los deseos posibles.

Mi deseo es convertir mi alma en fuente de fuentes, para surtir de deseos a los que aman el deseo.

Mi deseo es anunciar la grandeza de una conciencia creadora, que se lanza impávida a otear el horizonte de lo nuevo.

Mi deseo es proclamar un mensaje digno del hombre, y una enseñanza merecedora del futuro.

Mi deseo es creer en la libertad, y amar sus designios.

21.

Yo proclamo lo imposible como hijo necesario de lo posible.

Yo proclamo la infinitud de lo posible.

Yo proclamo que el hombre es sólo una de las ramas posibles del árbol del universo; un hermoso destello de un infinito de posibilidades.

Yo proclamo la eterna diferenciación de lo mismo. En lo infinito, en el desgarrador abismo de lo que no tiene principio o fin, en la cadena incesante, ¿cómo podría repetirse algo? Por cada una de las infinitas líneas de ese océano infinito de posibilidades se perdería infinitamente la vida, el ser, el tiempo. Yo busco lo eterno en esa diferenciación infinita de cada posibilidad abierta, manifestación de una fuerza universal que crea y destruye sin término, entrelazando lo nuevo con lo antiguo en la senda de una necesidad indoblegable. Y no lo temo. Mi espíritu no se ahoga ante esta intuición majestuosa e implacable. Es un espíritu que ama demasiado lo que puede ser amado. Ama la posibilidad. Disfruta contemplando cómo juega el ser consigo mismo por razón de sí mismo; cómo explora sin cesar nuevas posibilidades sin nunca aburrirse o fatigarse; cómo se prolonga gozosamente hacia el regazo de lo infinito por el mero hecho de *ser-se*. Mas ¿no soy yo el ser? ¿No encarno uno de esos juegos, una de esas posibilidades? ¿Qué derecho tengo a pedir la repetición de este tiempo y de este espacio? Yo adoro lo que no teme continuar, lo que no reniega de lo infinito y de lo posible, sino que se abre infinitamente a sus posibilidades.

Yo proclamo *la salvación intelectual del hombre*, el abrazo puro y creador entre la razón y la sensibilidad. Salvar es justificar. Es hacerse merecedor de la posición recibida y de la posición ganada en la cadena de las causas y de los efectos.

Yo proclamo que *el tiempo de la humanidad* no es el definitivo. Pero también proclamo que no merecemos morir. Que somos seres contra el mundo y contra la muerte. Que debemos investigar y crear para superar el mundo y la muerte.

Yo proclamo *la superforma*, el concepto de los conceptos, la posibilidad de las posibilidades, la síntesis de lo posible y lo real, la totalidad del saber real y posible fundida en un único concepto.

Yo proclamo *la ulterioridad*, porque todo puede ser siempre más de lo que es. La ulterioridad es una propiedad de la mente, capaz de concebir un *más* a todo lo dado; pero la mente es parte de la naturaleza, luego la ulterioridad pertenece también a la naturaleza, como propiedad de uno de sus subconjuntos. La propiedad de la parte no siempre es propiedad del todo, pero en este caso, ¿no hay algo enraizado en lo profundo de ese todo, algo que siempre apunta a *más*, algo que siempre amplía lo dado, algo que nunca se detiene y que nunca se rinde ante el poder del límite? ¿No hay algo que es poder en sí, poder inagotable, poder creador? ¿Qué es ese algo, sino el tiempo? ¿No es el tiempo, entraña de la naturaleza, la verdadera plasmación de la ulterioridad? ¿No es el tiempo una apertura continua de fronteras, una expansión indefinida, un *más* que todo lo absorbe y que todo lo lanza a lo desconocido?

Yo proclamo *un saber bello*, una fusión de ciencia y arte en la aurora de la creación humana.

Yo proclamo *la síntesis última* de sabiduría, amor y belleza, tres mares que han de desembocar en un mismo océano.

Yo proclamo la llamada a crear una mente más grande y pura que la nuestra.

Yo proclamo que el ser sólo se tiene a sí mismo como principio y fin.

Yo proclamo el arte como vanguardia de posibilidades de la humanidad.

Yo proclamo que ser es crear, y que sólo quien se entregue a crear podrá ser.

Yo proclamo que la pregunta suprema del hombre es el porqué de su incesante preguntar, y yo proclamo que sólo quien sabe preguntar puede en verdad crear.

Pero sólo quiere crear quien quiere obtener más preguntas que respuestas. Quien abre su mente a lo nuevo. Quien se libera de la férula de las opiniones heredadas y osa expandir el círculo de su conciencia. Quien se rebela contra los que aparentan disponer de una respuesta para todo. Contra los que jamás dudan. Contra los que se creen en posesión de una verdad que no entenderían aun si la tuvieran.

22.

¿Qué es, pues, crear?

Crear es ampliar, es extender el radio de lo posible, es la fulgurante irrupción de lo aún no dado, es la epifanía que anuncia un más allá a todos nuestros conceptos y a todos nuestros deseos.

Un concepto y un deseo superiores es lo que tú has de buscar si quieres vivir no sólo como un hombre, sino como lo que representa el destino de un hombre.

Crear es sentir que en ti nace un alma nueva, una conciencia libre cuya claridad no se deja intimidar por los detalles, sino que aspira a lo grande porque ama lo que en verdad es grande, lo que eleva el espíritu hacia lo ilimitado.

Crear es alabar una fuerza que nos trasciende, un espíritu que nos guía, un poder que nos hace buscar, y suspirar, y construir.

Mas hay que creer en algo grande para poder crear algo grande; hay que ser fuente de agua pura para abastecer anhelos tan nobles.

Frente al miedo y la cobardía, la fuerza creadora nos impulsa al futuro, integrando pasados y presentes, pero sin tolerar que nos retengan en las celdas de lo ya desvanecido.

Sólo crea quien trasciende su comprensión, quien ama tanto su comprensión que se atreve a desbordarla.

Sólo crea quien busca ir más allá de sí mismo.

Sólo crea quien goza de una mente libre.

Sólo crea quien se niega para afirmarse más allá de sí mismo.

Sólo crea quien vislumbra el horizonte aun en la oscuridad.

Sólo crea quien es capaz de coexistir con la afirmación y la negación. Si un caos inmortal se impusiera sobre el mundo y apagara la voz aterciopelada del orden, sería imposible crear. Es entre el caos y el orden como extremos donde emerge la fuerza luminosa y creadora. Es en la tensión entre la espontaneidad pura y la regularidad inalterable. Porque sólo de un profundo conflicto interior pueden surgir las mayores creaciones.

Sólo crea quien se aventura a ver lo que otros no han visto. Quien es testigo de lo imposible. Quien presencia un espectáculo con el que ni los cielos más sublimes podrían nunca soñar: el de la libertad pura, el de la creatividad verdadera, el de la luz que irrumpe de súbito sobre la oscuridad del ciclo y de la reiteración para abrirnos a un mundo auténticamente nuevo, émulos de un ser capaz de triunfar sobre la nada.

Sólo crea quien ha superado el miedo a crear y el temor a sufrir. No engendrarás algo verdaderamente grande hasta que no te importe sufrir para crear, sacrificarte en la cima de un calvario de oscuridad llamada a irradiar luz. Morir para renacer en el eterno ciclo de lo que abre tiempos y espacios. Sólo cuando no temas sufrir para ahorrar a otros ese sufrimiento creador que tú has padecido con gloria, con la gloria de quien intuye los destellos vacilantes de un horizonte y un mundo nuevos, lograrás elevarte, y flotarás en el cielo de la fuerza creadora.

Sólo crea quien está dispuesto a amar su creación. Y yo sólo puedo amar a quien ama algo más grande que él mismo.

Sólo las almas grandes pueden ofrecer creaciones grandes. ¿Y qué es un alma grande? Un alma que mira más allá de sí misma. Un alma connaturalizada con valores grandes, con horizontes grandes, con pensamientos grandes; un alma que entiende, ama y busca.

Crear por amor es nuestro destino; crear por un amor profundo a lo que nos rodea, con la hondura de un amor que desea transformarlo, para redimirlo y enaltecerlo. Porque sólo quien ama profundamente el mundo puede soñar con cambiarlo.

Y tú, humanidad, ¿forjarías con tus propias manos un fin que siempre se superase a sí mismo?

23.

Amo lo profundo. Jamás podría dejar de amarlo.

Siento que mi alma está hecha para lo profundo, para ese mundo inmenso y misterioso que sólo una luz nueva puede iluminar.

Amo la brillante y hermosa luz del día, el regalo del sol, que abnegadamente llena la tierra de fuerza y vitalidad desde la aurora hasta el ocaso. Pero algo demasiado intenso en mí vibra y suspira por una luz que no alcanzo a comprender; por una luz que aún no ha bendecido este mundo.

24.

La luz interior es más poderosa que el fulgor de los astros; brilla con fuerza y sabiduría en quien se entrega a buscar, y a crear, y a avanzar en las sendas del conocimiento.

Yo busco esa luz que vibra en las profundidades de todas las conciencias.

Yo busco la elevación de la especie humana a una nueva cima de conciencia sobre sus posibilidades.

Yo amo la fe en uno mismo, porque es el anticipo de un gran destino. Es el río que conduce a océanos de sabiduría y belleza, esculpidos con el vigor de una imaginación pura.

Yo busco que todo lo mío se derrame en lo ajeno y rebose en los demás, como vasija llena anhelosa de compartir lo que acoge.

Yo busco que todo se disuelva en la hermosura de un océano recapitulador, y que al calor de su bondad mi yo se funda, como un cirio puro, con todos los yoes y con todo lo que aparenta no tener yo.

Yo busco la sabiduría más profunda a la que puede aspirar un ser finito.

Pero aún no ha llegado ese día; aún no ha nacido esa luz.

25.

Lo sé. He vuelto a soñar. No he podido evitarlo. Ha sido un trance bello y repentino, pródigo en intuiciones enaltecedoras.

Ahora despierto. Ahora me posee el impulso a vencer el sinsentido de la vida. Ahora creo saber cómo transformarlo en sentido. Ahora te veo, y qué dulce es la mirada que anuncia destellos de salvación.

He destilado ya tu savia eterna. Tras esta ardua peregrinación por rutas no auguradas, he desentrañado tu misterio, refulgente como toda gran verdad. Todo resplandece con una luz pura que devuelve la vida a flores marchitas. Es el arte más profundo y la evocación más bella.

Ansias y vorágines pasadas, entrelazamientos de dolor, nesciencia y angustia que con la avidez incesante del deseo infinito me agitaban de universo en universo, de horizonte en horizonte, de devenir en devenir, me han hecho explorar mundos que jamás vaticiné.

No olvidaré la fugaz hermosura de sus crepúsculos, coronados de presagios inmortales que elevan el pensamiento a su auténtica morada.

Su beso me ha infundido ilusiones nuevas, un soplo de vida y belleza, ansioso como estaba de esa noche que me revelase la íntima fuerza de mi soledad.

Bajo sus arreboles he intuido lo que nadie intuye, y he creído ascender desde el valle de la ignorancia hasta la cima del entendimiento.

26.

Soy todos los mundos que pueden comprenderme.

Desnudo el espíritu ante la exuberancia del corazón y del deseo, me he internado en la gruta más honda de mi soledad, e incluso allí he encontrado algo de luz. Una luz que temblaba en la lejanía. Parecía irradiada por una fuente aún más profunda, como espada intangible que atravesaba mi temor.

¿No será que también lo oscuro produce una luz insondable? ¿No está todo lleno de necesidad y posibilidad? ¿No late en todo un poder siempre desconocido, un alma inescrutable?

¿Quién no ha tenido la sensación de caminar sobre los abismos iluminado por su propia luz, tenue pero invencible?

Pero ya estoy saturado de tanta experiencia. Busco algo que me sacie con abundancia genuina, algo cuya claridad dé esplendor a un anhelo sincero.

No quiero expandir, sino contraer; perforar lo vasto y heterogéneo para discernir átomos de luz, núcleos honestos que condensen lo profundo y no sucumban a la volubilidad de la naturaleza humana.

27.

Ahora sé en cuántos espejos puede reflejarse mi alma. Es el albor de un reino nuevo.

Ya he comprendido que sólo si me desprendo de todo miedo y de toda autosuficiencia surcaré la senda que conduce a la verdad, en ese ascenso a lo universal que glorifica la mente humana.

Caen las pesadas losas que me impedían remontarme al hogar de mi creación, por cuya grandeza suspiran mis sentidos.

Es lo universal que llama a las puertas de mi alma. Atada con cadenas de amor, ella irradia ahora una luz demasiado hermosa: la luz que brota de una intención pura.

Es la santidad de lo que sólo busca un fin incondicionado, el prodigio brillante y remoto al que se orienta el alma humana: el absoluto verdadero, cuya esencia sólo puede ser libre y creadora.

Los ecos de una voz divina, acostumbrada al paraíso, resuenan hoy en mi fervor. Me exhortan a servir.

Nace ya la paz auténtica, cielo de cielos y claridad de claridades, síntesis suprema de belleza, amor y sabiduría. Crece el ser del hombre y florece una ciencia que he conquistado con dolor. Lo que antes consumía mi alma con celos y temores me muestra ahora un paisaje luminoso, inmensidad de desapego que no necesita adornos.

Incluso en la noche contemplo la luz de incontables días que bañan mi espíritu y mi destino. Ya soy mi propio dios, posibilidad infinita que no cesa de crearse en la aurora de su búsqueda, impulsada por las alas del deseo más profundo. Ya soy el ala que aspira a elevar a quienes aún no han aprendido a soñar con lo nuevo.

Aunque el cielo se deshaga en pedazos y las estrellas caigan del firmamento, habrá merecido la pena vivir para ejercer una libertad creadora, una libertad que es sentido y victoria sobre la nada: una libertad que planta la semilla del futuro.

28.

Todo lo que sé y todo lo que ignoro equivale a nada ante el gozo de comprender que el destino del hombre sólo se cumple cuando nos embarcamos en una búsqueda sincera.

Sólo entonces cobran sentido las palabras de todos los oráculos, porque sólo entonces se estremece el alma al enfrentarse a ella misma, al divisar su ser, siempre nuevo, pozo de hondura infinita en cuyas aguas reverbera una luz clara e imperecedera, de suave fulgor.

Sobran las palabras y faltan los conceptos.

Amanece la vida que no desiste de buscar, y que sólo se encuentra cuando ambiciona trascenderse, mirar más allá del angosto espacio de su espíritu para penetrar en el espíritu verdadero.

En ese instante franquea las fronteras más arduas y se supera bellamente.

Entregada a una misión más noble y pura, consagrada a lo que no se consume en nosotros mismos, aprende a vivir.

Y mientras aspira a un horizonte que no se cierra, comprometida con la autenticidad de la búsqueda, caen todas las máscaras que habíamos fabricado y se expande prodigiosamente nuestra morada íntima.

Resplandece entonces la humanidad, la insumisa humanidad, y vuela el hombre por cielos libres, enamorado de su creación, de su nueva aurora, ansioso de vencer a la muerte con la llama de la memoria y el deseo.

29.

Jamás agotaremos el misterio de lo humano. Pero quien tiene fe en la vida y en la humanidad no teme lo «inexplorado»: lo insondable, lo recóndito, lo inexplorado.

Encuentra su destino en caminar hacia lo desconocido, imbuido de una confianza profunda en nuestras posibilidades, lleno de ese amor que mitiga todos los sufrimientos e ilumina incluso los senderos más oscuros.

Abrir sin cesar el alma y ensanchar sin término la sensibilidad es el horizonte de un espíritu bello.

VII. EL MAÑANA INFINITO

1.

¡Tú, claridad infinita que tejes el cosmos, tú que traspasas todos los firmamentos y derramas la gloria de tu luz incluso en los abismos más remotos!

Resplandor puro, radiante aun en la noche, que como un alma universal te revelas en todo lo verdadero y hermoso, para bendecir la tierra con la serenidad de tu mirada.

Como un chorro de oro, no hay mundo donde no se aposente tu fulgor. Porque tu luz es destino, es la fuerza creadora cuyo fin no es otro que su propia belleza; crear para ser, ser para crear, en el ciclo indescifrado que todo lo envuelve.

Yo te alabo, totalidad que nunca acabaré de conocer.

Conquistas mi imaginación, pacificada por un canto inmortal: el canto de la naturaleza, exhalado desde manantiales demasiado profundos.

Tus ecos resuenan en todos los mundos, fuente de orden, fuente de actividad, fuente de frondosidad y belleza que no deja de sorprendernos con nuevas maravillas.

Origen y fin de todo, rueda sublime que no cesa de ensanchar su radio.

Si destruyes, creas algo nuevo. Incluso los horrores que también brotan de ti quedan eclipsados por tu poder y tu grandeza.

Finita o infinita, sé que no tienes límite, y que siempre podría esforzarme en entenderte aún más y en imaginarte aún más.

Ni en infinitas vidas podría agotarte, porque tú trasciendes la frontera entre lo finito y lo infinito.

Tú eres más que todo lo que alcanzo a representar y a comprender en mi mente.

Tú eres ese *más* perpetuo que siempre vuelve a sí, que siempre remite a sí mismo.

Todo lo que puedo sentir, concebir y desear desemboca siempre en ti, y al hacerlo me engrandezco y renuevo en ti.

Lejana y cercana al unísono, te contemplo, y se disuelven todas las oposiciones. Entonces sólo brilla algo que me desborda, algo que me eleva y rebaja, algo que me invita a seguir; un crisol de cielos y tierras, de alturas y profundidades, lleno de fuerza creadora. Sólo brilla algo que reclama mis lágrimas, cristales de sensibilidad que acuden con presteza a la llamada del corazón.

Sólo brilla lo posible, inmenso y poderoso como el destino.

2.

Al igual que la noche nos hace añorar el sol, la conciencia de lo que ignoramos nos enseña a amar la verdad.

Nunca conocemos las posibilidades de la existencia humana. El misterio de lo que somos no se agota en doctrinas, sistemas o experiencias, sino que se abre ilimitadamente, hacia un destino que siempre nos sobrepasa.

Reto y no respuesta es la vida; horizonte y no clausura es lo que define la esencia más profunda del hombre; pregunta incesante es el existir.

Quien es consciente de la grandeza de lo que conocemos y de la inmensidad de lo que ignoramos no puede sentirse cansado de la vida. Toda hora es una oportunidad para avanzar en la senda infinita del saber, hasta acariciar la luz de la verdad plena, en la apocatástasis del espíritu.

Por breve que sea la duración de una vida, incluso el tiempo de la humanidad, en cada instante podemos vivir tan hondamente como para decir que ha merecido la pena.

Pues una existencia que se eleva sobre el mero flujo de los elementos no es estéril. Es una vida profunda, una vida valiente, una vida digna de ser alabada. Y sólo quien vive y ama intensamente puede valorar este milagro que es el mundo, que es la naturaleza, que es el hombre, que es el espíritu, que es la libertad.

Una existencia que persigue la verdad, una vida que logra contemplar bienes superiores y que en su corto espacio aprende a amar algo eterno, algo inmenso y puro, algo que nos ensalza por encima de la naturaleza, puede considerarse receptora de las mayores bendiciones.

Es una vida alta y bella. En su curso, hemos creado algo noble y perdurable. Hemos traído a la tierra lo que creíamos patrimonio de los dioses. Hemos unido los mundos y hemos ensanchado los horizontes del espíritu. Hemos hecho honor al nombre "humanos".

En ella, en definitiva, hemos explorado posibilidades de ser, el bien más preciado al que se puede aspirar: existir libremente, como merece el hombre.

Así, ningún sueño habrá sido en vano, y todos los dioses vivirán en nuestra morada.

3.

La pregunta es un canto a la belleza de lo humano. Es un canto a la posibilidad y al futuro. Es la voz de un alma libre.

Convenzámonos de que hay preguntas más importantes que sus eventuales respuestas y habremos empezado a comprender.

En verdad, nos habremos iniciado en el misterio de la vida.

Entonces estaremos en paz con nosotros mismos. Entonces la paz interior nos reconciliará con algo más grande que nosotros. Entonces estaremos en paz con el universo.

4.

Hablo de un futuro que elevará nuestra imaginación.

En él, lo que ahora consideramos imposible se convertirá en norma, y lo que ni siquiera intuimos será pensamiento común.

Hablo del progreso hacia una nueva cumbre, que no será, sin embargo, la definitiva.

Pero ese futuro que deseo y vislumbro en mi espíritu me impulsa, inspira y nutre. En él encuentro vida, posibilidad y destino.

Soñar con ese futuro me devuelve la fe en el presente, como anticipo necesario de lo que ha de venir.

Al igual que sin invierno no habría primavera, ni sin noche aurora, esta fe me hace creer en un sentido, tan bello y poderoso que todo lo llena de luz, incluso las estancias más oscuras del alma humana.

Ese futuro se anuncia en la vida de un alma libre, valiente y creadora.

5.

El dolor no puede ser parte de ese futuro. El dolor no puede ser la esencia de la vida. Nuestro destino es la felicidad, no el dolor. La vocación del hombre radica en extirpar el dolor de este mundo, ese dolor universal que adquiere manifestaciones tan diversas y que oscurece la belleza de la creación.

El alma noble, el alma hermosa, no debería convivir con el dolor. El dolor es el camino viejo, el modo en que la naturaleza nos ha enseñado a navegar por este cosmos hostil. Por ahora no hay más remedio que aprovecharlo como lección existencial, pero el futuro no puede estar hecho de dolor.

Dios es la ausencia de sufrimiento, el placer infinito que no nace de lo sensible, sino del gozo intelectual más puro. Y ese dios debemos construirlo. Debemos tallarlo laboriosamente con nuestro esfuerzo. Debemos levantarlo sobre el barro de la historia con nuestra capacidad de ver más allá del dolor pasado y presente para alumbrar, en la hondura y en la nobleza de una imaginación llena de amor hacia la humanidad, un mundo verdaderamente libre del dolor.

El dolor nos esclaviza. Infunde desapego y tristeza ante el mundo. No hay valor redentor en el sufrimiento; la redención nos llega por el impulso creador, por la voluntad de engrandecer lo que existe y de engrandecer nuestras almas mediante el amor y la entrega.

El dolor no puede ser parte de la belleza de este mundo. Un dios no crearía un mundo cuya belleza necesitase el contraste del dolor. Un creador divino forjaría belleza sin dolor, rosa sin espinas, día sin noche, luz sin oscuridad. Si hay dolor en este mundo se debe a que dios aún no ha logrado existir plenamente, y a que la perfección del ser aún no ha resplandecido con todo su vigor.

El amor por un mundo libre de sufrimiento es la forma más bella que tenemos de afirmarnos como humanos, como seres libres y creadores. Y el dios escondido revela su hermosura a través del amor.

Crear es amar, es amar lo que puede ser, es redimir el sufrimiento con el rayo primaveral de un mundo nuevo.

Esta esperanza es para mí como una luna plateada que ilumina la profunda noche, y como un astro que me guía en medio de la inmensidad del océano. Aunque mis ojos no vean la luz del sol, sé que existe esa luz, sé que brilla la claridad en algún lugar del mundo, y sé que en lo más profundo del corazón humano existe un vestigio perenne de esa luz.

Mi voluntad es mi destino; atreverme a desear lo que en verdad anhelo es el horizonte hacia el que debo caminar, es la cumbre que reclama mis ansias.

6.

Hermanos míos: elevemos nuestras almas al Alma, a la universalidad que no deja de concebirse, pues es pura creación, pura posibilidad. En su lago desembocan los infinitos ríos del ser.

Alabemos la fuerza, bendigamos el poder que nos libera de la debilidad y del miedo.

Celebremos lo que es hermoso, lo que es grande, lo que amplía los horizontes de la existencia y nos ilumina con su luz piadosa, para allanar la senda hacia el destino.

Vivamos para ser más de lo que somos, y con ello reconciliar lo que hemos sido con lo que podemos ser.

Integremos todos los pasados y todos los presentes en un futuro suficientemente grande, en un futuro que acoja las ansias más profundas de la humanidad, y que al mismo tiempo cree un ansia nueva.

Que el amor, la belleza y la sabiduría nos bendigan con su luz pura, para trascender incesantemente todos los límites.

Que brille el destino en el horizonte, y resplandezca el ideal en su sendero infinito.

Que el deseo de crear inunde con su fragancia el espíritu humano.

Que sus alas nos lleven al reino de la esperanza, donde todo es dulce y bello, y donde todo pasado se redime en un futuro.

7.

Seguirá el tiempo su curso, sostenido sobre sí mismo, lanzado a una carrera eterna contra lo todo lo que existe, aquí, bajo los dominios del cielo y sobre el caos de la tierra, bajo un manto de enigma y evocación que no cesa de atrapar a las almas sensibles, y fluirá el arroyo de la vida como corriente pura, cuyos chorros perforan el velo sagrado del misterio, y se adentrará en reinos desconocidos, ansiosamente, sin cansancio ni temor, como anhelosa de explorar lo que para muchos siempre ha de permanecer inexplorado; y cantarán voces inaudibles para los oídos del presente, y florecerá un mundo que ni siquiera presagiamos, y surgirá el rostro de dioses nuevos y de pensamientos nuevos allí donde parece que todo se ha agotado, y una mirada nueva contemplará el cosmos con ojos nuevos, con ojos limpios, con ojos santos, y se encenderán luces apagadas por el olvido, porque renacerá la fuerza que todo lo impulsa, el aliento creador que todo lo gobierna, la faz de lo que siempre es posible, anticipo de lo necesario.

8.

¿Qué es el tiempo, sino un negador y constructor de realidades?

Si lo único que existe es el presente, si siempre ha habido un presente, porque la idea misma de tiempo remite a la de presente (pues el pasado ya no es y el futuro aún no es; lo único existente en cada instante es su presente), todos los presentes que nos anteceden viven en el ahora, y todos los presentes que nos sigan vivirán también en un ahora.

Sólo existe un ahora cósmico, y sin el pasado, el presente nada sería, y sin el presente, el futuro nada será.

Todo es en todo; todo lo que fue está en lo que es, al igual que todo lo que es estará en lo que será.

Soy todo lo que me precede y todo lo que me sucede. Sentir que el pasado vive en nosotros y que nosotros viviremos en el futuro exige comprender que la humanidad trasciende a los individuos, que somos solidarios con lo que nos precede y con lo que nos sucede, que un mismo espíritu humano late en cada uno de nosotros

Todo lo que ha sido y será el universo está en *el ahora.*

El *ahora* es el sol que alumbra el misterio y la belleza de este mundo. Como un presente eterno, todo pasado fue un ahora y todo futuro será también un ahora.

«*Ahora*» es el nombre de Dios, «*ahora*» es el nombre del universo, «*ahora*» es el nombre de la verdad; «*ahora*» es el nombre de la libertad.

Elévate, alma mía.
No temas contemplar el mundo
desde lo alto,
como los dioses saben hacer.
Goza en tu ascenso
y en tu descenso;
acaricia los cielos
para amar mejor la tierra
y crear su destino.

Esta obra de Carlos Blanco

se terminó de componer

en las colecciones

de la editorial

ARS POETICA

en el día

19 de mayo

del año 2025.

Made in United States
Cleveland, OH
16 April 2026

35846480R00109